U0498678

图书馆与经典阅读推广

陆滢竹 编

西藏人民出版社

图书在版编目（CIP）数据

图书馆与经典阅读推广 / 王余光, 邱冠华主编 ; 陆
滢竹编 . —— 拉萨 : 西藏人民出版社, 2022.9
（虎丘书院文库 . 第三辑）
ISBN 978-7-223-07182-6

Ⅰ . ①图… Ⅱ . ①王… ②邱… ③陆… Ⅲ . ①图书馆
– 读书活动 – 研究 Ⅳ . ①G252.17

中国版本图书馆 CIP 数据核字 (2022) 第 099546 号

图书馆与经典阅读推广

总 主 编	王余光　邱冠华
编　　者	陆滢竹
责任编辑	李海平　张世文
封面设计	格次
出版发行	西藏人民出版社（拉萨市林廓北路20号）
印　　刷	苏州彩易达包装制品有限公司
开　　本	890×1240　1/32
印　　张	8.125
字　　数	146千
版　　次	2024年8月第1版
印　　次	2024年8月第1次印刷
印　　数	2000册
书　　号	ISBN 978-7-223-07182-6
定　　价	30.00元

《虎丘书院文库》编委会

《虎丘书院文库》
总 序

在多方的共同努力下，《虎丘书院文库》第三辑又将与读者见面了。回顾《文库》走过的历程，从2014年底开始筹划《虎丘书院文库》的编撰事宜，迄今已有三辑15册先后问世，从第一辑《经典的力量》，第二辑《传承的力量》，再到今天的第三辑，在虎丘书院投资人的鼎力支持下，《虎丘书院文库》已经形成了一定的规模和品牌效应。通过《文库》的编撰，虎丘书院与作者团队在"促进经典共读，传承中华文明"方面的构想正在逐步得以实现。我们相信，随着第三辑的正式出版，《虎丘书院文库》会越办越好，能够更加广泛地激发人们对中华传统经典的兴趣，进而主动参与到《文库》建设中来，形成一批经典阅读的优秀成果，为虎丘书院的发展以及构建全民阅读的书香社会做出贡献，这也是我们策划这套书的初衷。

苏州古城，向称人文渊薮。据学者考证，自南宋和靖书院以来，书院林立，仅清一代就建成各类书院53座。书院推动了苏州的教育，培养了大量人才，繁荣了苏州的文化。虎丘山麓，钟灵毓秀,自古以来便是文人雅集、诗歌酬唱之所,有着悠久的历史底蕴和文化积累。2012年,虎丘书院正式设立,以传承苏州文脉、弘扬国学经典为己任,以培训、讲座、故事、图书借阅等多种形式向市民提供免费服务,同时,书院投资人邀请笔者为书院的学术研究出点力,有感于他回馈乡邦的热忱,笔者欣然从命,这是《文库》编撰之缘起。

虎丘书院设立的初衷,一方面是为了延续虎丘地区千载以来的文脉传承,恢复虎丘山麓的历史文化风貌。另一方面,也是更为重要的,是希望通过书院的建设和相关工作的开展,弘扬和传承中华文化,以重振国学为宗旨,支持学者、爱好者从事国学方面的学习和研究,开展国学教育、国学交流等公益文化事业。书院建成以来,已经举办了一系列针对不同受众群体的研习活动,如面向学龄儿童的《弟子规》诵读班和"知心姐姐故事会"、面向大众的《黄帝内经》讲习班和"红学研习班"、面向较高文化层次人群的易经、太极文化研修班等。在学习和授课的过程中,我们经常得到这样的反馈,那些对传统文化、古代经典感兴趣的人们,常常面临阅读方面的困惑。读什么?怎么读?是在交流过程中最常被提出的问题。正是鉴于这种情况,虎丘书院投资人与笔者一起策划出版《虎丘书院文库》,分批分层次地推出一批中外经典导读书籍,为好学者研读中外经典著作提供帮助。

二

虎丘书院建设和运行的投资者,是苏州当地的一家民营企业。企业建设书院、开展公益服务,甚至不愿被人知晓企业的名称,常常被人质疑企业举办书院的目的,以及传承国学经典与企业经营之间的关系。

人的本质是一切社会关系的总和,不论是独立的个人,还是机构或企业,在生存和发展的过程中会与社会环境互相影响。企业投资开办虎丘书院是希冀通过履行社会责任,营造良好的社会环境,社会环境越好,越有利于企业的生存和发展。而所谓的社会环境,其根源来自于这个国家、民族所有的传统文化,也就是说,历史总是在不经意间,以各种各样的方式影响着现在。所以,不了解历史,不能领会传统文化的精髓,也就难以正确地处理今天所面临的现实事务。古往今来,先贤们已经从多个角度阐释过这个道理,"疑今者察之古,不知来者视之往"(《管子·形势》),强调了要古为今鉴;"死亡的历史会复活,过去的历史会变成现在"(克罗齐),阐明了历史与当下的辩证关系;"回顾得越远,可能前瞻得越远"(丘吉尔),提出了回顾历史的现实价值。

可见,一个民族、国家的传统和历史,并不只存在于书本纸张之上,而是在我们日常的一言一行中发挥着作用。甚至具体到商业运作上来说,传统经典的作用也是不能被忽视的。早在先秦典籍之中,古人就已经总结出了许多国家治理和事务管理的有效经验,时至今日也没有过时,展卷细读,仍可从中感受华夏先民的智慧之光。比如,《周易·系辞》说"天之所助者,顺也;人之所助者,信也",强调为人处世必须顺应大道,诚实守信。《孙子兵法·虚实》中说:"兵无常势,水无常形,能因敌变化而取胜者,谓之神。"告诉我们在商战经营中要审时度势,正确地做出决定。类似的经验之谈在古代典籍中俯拾皆是,对于生产、经营都有很高的指导价值。

上面谈到了历史经验和传统文化对现实生活的价值和意义,那么,作为一个普通人,我们应该如何了解和领悟历史之美呢?最简单、也最有效的方法,莫过于阅读传统经典。流传至今的古代经典著作,经过了数千年历史的考验,是古人智慧的结晶,而阅读则是沟通古今的桥梁。在今天这样一个信息爆炸的时代,为什么还要阅读传统经典?笔者认为,至少有以下三个方面的原因。

首先,中国古代有着非常悠久的阅读历史,并且形成了经典崇拜的阅读传统。在物质资源还不丰富的古代,古人读书往往要通过手抄默诵的手段,书籍得来不易,读书人都格外珍惜,因此留下了许多勤学苦读的动人故事。除了书籍本身的贵重,书已经成为了古代读书人生活中不可缺少的部分,明代的一位学者就曾说过:"可无衣、可无食,不可以无书"。古人爱书、读书,甚至到了嗜书如命的地步,除了追求广罗善本、插架琳琅,还十分重视总结各种读书经验和读书方法,对于我们今天阅读传统经典具有广泛地指导意义。在阅读内容方面,自古以来,中国人就十分强调阅读经典，《隋书·经籍志》说："夫经籍也者，机神之妙旨，圣哲之能事，所以经天地，纬阴阳，正纪纲，弘道德，显仁足以利物，藏用足以独善"。足见经典在古人心中的分量。而后的历朝历代，虽然经典的定义在随着时代发生变化，但经典一直是人们读书的基本选择。

其次，阅读经典是完善个人修养，提高教养的重要方式。"修身、齐家、治国、平天下"，是中国古人追求的完美的人生进境。修养自身，是为人处世的第一步。而阅读则是提高个人修养，培养教养所必不可少的手段。1923年，梁启超先生在《治国学杂话》中就提出，中国的学人有必要读一些传统经典。1925年，《京报副刊》组织了一场"青年爱读书""青年必读书"各十部的征求活动，收到了当时最为著名的70余位学者的响应，开列了相关书单。可见，阅读经典的作用得到了学者们的一致认可。而我们为什么要重视经典阅读？除了文化传承的意义而外，经典凝结了数千年来中国人的人生经验，囊括了为人处世的方方面面，通过阅读前人的经验，可以让现在的人们在人生的道路上少走弯路，可以培养我们健全的人格，善良的心灵。

第三，传统经典可以为我们提供处理人际关系、社会事务的各种方法和经验。经典是前人知识的宝库，正如苏轼在《李氏山房藏书记》中所说："用之而不弊、取之而不竭，贤不肖之所得各因其才，仁智之所见各随其分，才分不同而求无不获者，惟书乎！"今天我们在社会生活中遇到的种种问题,求诸经典,往往能够得到令人耳目一新的答案。古代典籍,本身也源自于古人对生活和实践经验的总结。这些经验和教训对于处理今天的社会事务也是同样适用的。

三

前面我们总结了经典阅读的作用和价值,在当今的社会环境下,人们并非没有认识到传统经典的价值,而是苦于没有好的阅读方法和阅读指导。针对这种情况,2014年底,虎丘书院投资人与笔者协商,希望编撰一套为国学爱好者提供传统经典阅读方面指导和建议的丛书。根据笔者多年从事中国传统经典阅读教学和经典阅读推广工作的经验,由于古代汉语教育的缺失,当今的读者,特别是青少年读者在阅读传统经典方面普遍存在语言障碍。因此,我们策划的这套《虎丘书院文库》,涵盖了推荐书目、原典注释、全本导读等系列书系,在选题策划和组织撰写的过程中,充分考虑读者对象的实际需求,引入分级阅读的理念,争取建立一套立体的、全方位的传统经典释读体系,将《文库》打造成为本领域的著名品牌。

2016年春节后,《虎丘书院文库》第一辑《传承的力量》出版。该书由虎丘书院投资人委托北京大学王余光和苏州图书馆邱冠华组织团队编撰完成。《传承的力量》一套五本,是古代经典名著的选注本。分主题从先秦至清代的典籍中,选择最能代表传统文化精髓的名篇,寻章择句,确定选文;在此基础上,提供注释和翻译。在内容方面,选取了与为人处世关系最为密切的五个主题:修身立德、读书治学、治家教子、安身处世、为官从政,各成一册。每个分编下,又细分出六至八个小类,译文以"信"为主,兼顾"达、雅"。每册正文前有编译者撰写的导言,介绍本编内容、选文出处、分类情况等。

第一辑推出后,取得了较好的反响。2016年初,按照《虎丘书院文库》的整体策划,启动了第二辑的编撰工作,仍由王余光和邱冠华担任主编。第二辑《经典的力量》,采用全本导读的形式。从中国古代瀚如烟海的经典著作中,分主题选择了100本得到人们广泛认可,流传时间长,影响巨大的作品,为之撰写导读,分为:《中国思想与宗教经典导读》《中国政治与文化经典导读》《中国艺术与科技经典导读》《中国史学经典导读》《中国文学经典导读》五册,每册收书20种。

第二辑正式出版后,在王余光、邱冠华先生的总体策划下,第三辑的编撰工作随即启动。考虑到前两辑以选本、要籍导读为主,收书数量有限,不便读者根据兴趣进行拓展阅读。第三辑以推荐书目为主,广泛收集了20世纪以来中外经典推荐书目,并对其分类整理,汇为一编,希望对读者全面了解中外经典,扩大阅读量,提升阅读能力有所裨益。儿童时期是阅读习惯形成的关键阶段,儿童阅读推荐书目也是近年来广受家庭、社会关注的一类书目,在对近年来权威机构、知名专家发布的儿童推荐书目进行调研整理的基础上,按照年龄段,对各阶段适读书目进行了汇总。推荐书目的内容,往往折射阅读行为与习惯的时代变迁,一定时期内人们关于传统经典的认知、社会观念、人文思潮都会对此类书目产生重要影响,而作为一种导读书目,经典推荐书目的内容又反过来受到读者阅读能力、习惯的制约。因此,从提高书目编制技术,使其更好地服务于全民阅读工作的角度,我们需要对阅读的历史、阅读的时代变迁、阅读文化等问题展开深入研究。从全民阅读文化战略的角度,图书馆是阅读推广工作的主阵地、主力军,而经典阅读推广又是图书馆阅读推广的重中之重,如何借助图书馆的平台和资源优势,整合各方力量,更好地开展经典阅读推广工作,也是理论和实践界的共同使命。上述问题是本科研团队长期关注的话题,为了给书目编制、经典阅读推广工作提供理论支撑,我们将近10年来本团队相关方面的论著进行了汇编整理,以飨读者。

按照上述编撰思路,《虎丘书院文库》第三辑由以下五册构成:《中国经典推荐书目举要》《外国经典推荐书目举要》《少儿适读书目举要》《中国阅读文化新论》《图书馆与经典阅读推广》。由于作者水平有限,疏漏之处在所难免,衷心地希望读者朋友多提宝贵意见,帮助我们不断完善。

最后,在本辑即将面世之际,笔者谨代表作者团队向虎丘书院投资人一直以来的信任和支持致以谢忱。同时，特别感谢西藏人民出版社对经典阅读推广工作的热情，该社藏文编辑部主任才让多杰先生，为本书的顺利出版付出了大量的心血。全民阅读工作的推进和书香社会的建设，离不开社会各界的共同努力，在此一并表示谢意。

中华民族是一个尊重历史、崇尚古训的民族，传统经典在中国人的生活中占据了不可替代的位置。阅读经典可以使人明理，可以培养我们知人阅世的能力，是滋养内心的养料，是让我们心灵强大的源泉，这是阅读的力量，也是经典传承的意义。

是为序。

王余光　邱冠华

2022 年 10 月 12 日

目 录

经典的阅读和传承(前言)…………………………… 陆滢竹(1)

上编 图书馆阅读推广

论阅读推广的研究范式…………………………………陈幼华(3)

图书馆是塑造人类心智的力量…………………………王余光(28)

图书馆:点亮阅读之光…………………………………王余光(31)

阅读推广,图书馆界在行动……………………………赵晓(36)

一种阅读推广的新方式

——读书公园的规划设计…………………………熊静 赵晓(40)

经典教育研究与经典阅读推广…………………………王丽丽(63)

新技术环境下的图书馆新型阅读服务发展现状探讨

——以北京地区32所图书馆为例……………………王丽丽(73)

图书馆跨媒介阅读推广模式探析

——以人民大学图书馆微服务为例…………… 王玮 王丽丽(91)

从绘本推广到阅读推广

——我国绘本阅读推广的理论建设探讨………………王玮(101)

高校图书馆设立经典阅览室与经典教育……王余光 王媛(112)

经典阅读与经典阅览室建设序说………………………王余光(127)

图书馆设立经典阅览室的现状与思考…………陆滢竹(134)

书外剩语:《阅读推广人系列教材》的编纂…………王余光(147)

阅读与图书馆阅读推广

《阅读推广人系列教材(第二辑)》出版引言…………王余光(152)

下编 经典阅读

近二十年来中国传统经典推荐书目综论……熊静 王丽丽(159)

近二十年汉译外国经典推荐书目综述…………王茪菁(189)

多阅读媒介融合背景下经典阅读推广策略研究

——以《唐诗三百首》为例……………赵晓 付秋静(209)

《古文观止》版本研究…………………张婵娟(223)

《经典常谈》的版本文化与传播研究……………衡明明(238)

读文津图书奖获奖书…………………王余光(250)

经典的阅读与传承(前言)

一

经典阅读是全民阅读工作的重中之重,中国古有"经典崇拜"的文化传统,经典著作在国人心目中拥有神圣的地位。近年来,党和国家领导人也在多个场合强调经典阅读的重要性。2009年,在中央党校进修班暨专题研讨班上,时任中央党校校长习近平同志指出:"要通过研读优秀传统文化书籍,吸收前人在修身处事、治国理政等方面的智慧和经验,养浩然之气,塑高尚人格,不断提高人文素养和精神境界。①"。2017年,《光明日报》面向高校、机关、企事业单位员工展开的一项关于"传统经典与传统文化的关系"的调研显示:"71%的人认为传统经典是传统文化最集中的体现,68%的人认为直接阅读经典原著是学习传统文化最重要的渠道。②"2020年春新冠疫情爆发后,《光明日报》与多家机构联合发布的《阅读大数据报告(第三季)》显示,"深度阅读回归主流"趋势明显,面对疫情带来的社会冲击,更多读者开始选择阅读长篇名著,《资治通鉴》《红楼梦》《四书五经》成为了京东纸质畅销书③。

---

① 习近平.习近平党校十九讲[M].北京:中共中央党校出版社:129-144.
② 王臣申.传统经典如何走进当代生活[N].光明日报,2014-08-16(012).
③ 李伯玺.阅读,凝聚起抗疫的精神力量——2020年阅读大数据报告(第三季)[N/OL].2020-04-23(07)[2020-10-08]. http://news.gmw.cn/2020-04/23/content_33761913.htm.

上述这些针对国民阅读情况的调查充分显示了经典阅读在提供心灵养料，建设书香社会中的重要作用。

然而，认识到经典阅读的重要性，并不代表经典阅读推广工作的顺利推进。梳理经典阅读现状可以发现，在经典阅读推广工作中经常需要面临民众读不懂或不知道如何读等问题。近年来，随着党和国家高度重视全民阅读工作，社会各界在书香社会建设方面投入了大量精力，国民阅读率稳步提升，社会阅读环境持续向好。在此背景下，如何提升经典阅读质量，促进经典阅读习惯的形成，进而将呼吁倡导转化为民众自身对经典阅读的内在需求，是经典阅读推广，乃至全民阅读工作下一步的重点。经典阅读推广工作需要全社会的支持，而实践的发展也有赖于相关领域研究的不断深入。近20年来，随着经典阅读受到越来越多的重视，经典阅读的相关议题也得到了学界的高度关注。对前人成果的系统梳理，既可总结经验，厘清来路，避免重复研究，也有利于我们明确未来方向，将经典阅读研究与阅读推广工作更紧密地结合起来，更好地服务于文化传承事业。

二

回顾过去20年经典阅读领域的研究可以发现，通过学界的共同努力，在经典的定义、经典阅读的价值和意义、各类型主体经典阅读推广实践等方面，取得了较为突出的进展。

早在2001年，北京大学信息管理系王余光教授就在《论阅读传统经典》中，阐释了经典阅读对于文化传承和素质提升的重要价值,并总结了20世纪传统经典的基本阅读倾向①。2009年,又撰专文就何为经典,为什么读经典,以及阅读哪些经典等一系列问题展开讨论②。2003年11月,东南大学举办首届"经典阅读与人文教育"高层论坛,刘梦溪的发言系统阐述了阅读中华传统人文经典的作用,小到个人修养,大到社会风气的转移,经典阅读对于全民族文化素质提升意义非凡。③2010年4月,郭英剑在国家图书馆讲座上将经典阅读延伸至人文学科、人文教育的讨论,通过介绍美国关于"人文学科有用与否"的一场争论,以及哈佛大学于2009年出台的最新通识教育方案,论证了"经典阅读,是通向现实生活的一座桥梁"。④

2017年12月,由复旦大学中国古代文学研究中心和复旦大学中文系主办的"经典形塑与文本阐释国际学术研讨会"在上海召开,与会专家围绕文学作品的经典形塑、对经典文本的创造性阐释、经典文本的当代使命与文化价值展开了讨论。⑤几乎同时,中国人民大学孔子研究院、中国传统文化促进、26国学网联合举办"经典诵读与人格养成"学术研讨会,并启动"中华传统经典

① 王余光.论阅读传统经典[J].北京大学学报(哲学社会科学版),2001(01):110-116.

② 王余光.阅读,与经典同行[M].深圳:海天出版社,2013:17.

③ 刘梦溪.今天为什么还要阅读经典[J].中国大学教学,2004(03):28-29.

④ 郭英剑.经典阅读:读,还是不读——当代中外阅读的现状与前景[J].博览群书,2010(07):110-115.

⑤ 马昕."经典形塑与文本阐释国际学术研讨会"召开[J].文学遗产,2018(02):92.

进校园活动"①。充分显示了学界在经典阅读方面的广泛共识。

图书馆是全民阅读的主阵地,也是中国古代藏书精神、书香传统的现代继承者。自图书馆界参与全民阅读工作之日起,经典阅读就是图书馆阅读推广研究的重要议题②。近五年来,中国图书馆学会组织编写了两辑《阅读推广人系列教材》,第一辑的《图书馆经典阅读推广》③从理论阐述(经典阅读推广概述、经典阅读的意义与经典的选择)到实践操作(经典阅览室及设计、工具书与经典阅读、经典版本与经典阅读等),为图书馆开展经典阅读推广提供了理论支撑。2015年出版的《图书馆阅读推广研究》,其中约有三分之一的篇幅在讨论经典阅读的相关话题,该书于2017年再版,亦可见业界同仁对于经典阅读推广的高度关注。推荐书目是经典阅读推广的重要抓手,何官峰④梳理了近百年来大学生经典阅读推荐书目的发展历程,将推荐书目分为学者个人推荐、学者联合推荐、教育机构推荐以及媒体网站推荐四种形式,归纳出书目推荐者由早期的个人为主体转向机构为主体等发展变化特征,总结其意义与影响。经典阅读习惯要从儿童时期开始培养,许欢⑤总结当前儿童经

---

① 首届"经典诵读与人格养成"学术研讨会举办"中华传统经典进校园活动"启动[N/OL].中国人民大学校刊.2018-01-08[2020-10-20].http://ruc.cuepa.cn/show_more.php?bkey&doc_id=2370104&tkey.

② 李武,王丹,黄丹俞,王政.图书馆阅读推广研究十年进展(2005-2015)[J].图书馆论坛,2016,36(12):54-65.

③ 李西宁.图书馆经典阅读推广[M].朝华出版社,2015.

④ 何官峰.大学生经典阅读推荐书目研究[J].大学图书情报学刊,2014,32(06):28-32,36.

⑤ 许欢.儿童传统经典阅读推广研究[J].图书与情报,2011(02):7-10.

典阅读推广模式主要以经典诵读工程、传统学堂为主,并指出图书馆应该更多地参与到儿童经典阅读推广中,发挥其在文献资源上的优势以及公共服务的作用,多样化儿童经典阅读推广活动形式以响应社会各界对于儿童经典阅读推广关注度的提升。在高校图书馆经典阅读推广领域,王余光、王媛首先提出了在高校图书馆设立经典阅览室的必要性和基本方式①。

三

从上面的介绍可以看出,经典阅读与经典阅读推广是当前学术界和实践界共同关心的重要议题。毫无疑问,在当代社会,经典阅读,特别是传统经典阅读是一种有挑战性的阅读。对普通读者来说,他们有阅读经典的需求,却往往苦于缺乏相应的阅读能力。而在信息爆炸,新媒体不断迭代的今天,如何从新兴媒体中"抢夺"读者的注意力,甚至将经典阅读与新媒体技术手段完美的结合起来,使其符合当下人们的阅读行为与习惯,同样是值得研究的论题。从这个意义上可以说,经典阅读和经典阅读推广还有十分广阔的探索空间。

在既往的研究中,王余光教授及其科研团队是国内较早关注经典阅读和图书馆阅读推广的先行者。近十年来,围绕着经典阅读的方法和意义,经典阅读推广基本理论,经典阅读推广的一般形式,图书馆经典阅读推广的方式方法,经典阅览室建设等论题,该团队保持了长期关注,撰写了系列文章。《图书馆与经典阅读推

---

① 王余光,王媛.高校图书馆设立经典阅览室与经典教育[J].大学图书情报学刊,2014,32(06):5-10.

广》就是对本团队近十年来发表的相关文章的一次集结。本书分为上下两编，上编《图书馆阅读推广》，收录讨论经典阅读和图书馆阅读推广基本理论、经典阅读推广的方式方法、新媒体环境下经典阅读的发展趋势、图书馆经典阅览室建设、图书馆阅读推广人培育体系等问题的文章。下编《经典阅读》，重点关注经典阅读指导的方法，介绍了近二十年来经典推荐书目的发展现状，并精选部分重要典籍从传播学的角度展开个案研究。

应当说，《图书馆与经典阅读推广》是对本团队近十年来相关工作的总结，编撰本书的初衷，既是对自身工作的一次梳理，希望能够帮助我们厘清思路，找准未来的研究方向。更是希望借此机会，求教于方家，得到更多关心经典阅读和图书馆阅读推广工作同仁的关心帮助，共同促进相关领域研究不断深入。囿于学力，文章疏漏之处在所难免，诚请学界同仁指正。

"世上几百年旧家无非积德，天下第一件好事还是读书。"无论在古代社会还是在当代，我们始终坚持以经典为中心的阅读。我们也希望，包括图书馆在内的社会各界同仁能够共同努力，探索经典阅读在数字时代的推广方式，营造良好的经典阅读氛围。让我们的生活，一路有经典相伴！

陆滢竹

2022.1.7

上编 图书馆阅读推广

论阅读推广的研究范式

陈幼华

1 问题的提出

范式（paradigm）一词源自希腊文，原意指语言学的词源、词根，后来引伸为范式、规范、模式、模型、范例等含义。1959年，美国著名科学哲学家托马斯·库恩在《必要的张力：科学研究的传统和变革》一文中将"范式"的概念引入到科学研究领域，并于1962年出版的《科学革命的结构》一书中对其进行了系统阐述，认为范式是特定科学共同体成员所共有的信念、价值、技术等构成的整体，是一个成熟的科学共同体在某段时间内所认可的研究方法、问题领域和解题标准的源头活水，包括符号概念、共同信念、价值、范例的"学科基质"（Disciplinary Matrix）一词能够更贴切地表达出范式的内涵；范式的主体是科学共同体，即在专业方面看法易于趋向一致的某一研究领域科学工作者组成的有形或无形的学派[1]。美国社会学家乔治·瑞泽尔在《社会学：一门多范式的科学》一文中指出：所谓范式就是对一门学科对象的总的基本看法。

它起着这样一些作用,即确定什么应该研究什么,有哪些问题必须提出,怎样提出,以及按照何种法则来解释所得出的结论。范式由范例、研究对象、理论、研究方法和工具构成,可以用它来分析任何学科的领域或次属领域[2]。由之可见,研究范式是科学共同体开展科学研究时在研究目标之设定、研究主题的选取、研究方法的采用、研究体系之建立等方面共同依据的信念、价值、原则及思考方式。研究范式标志着科学领域的进展程度,构成该科学领域的基础理论。分析概括科学领域的典型研究范式,有利于研究积累和创新。

近年来关于阅读推广的研究恣肆汪洋。仅以中国知网CNKI在题名字段中检索"阅读推广"的结果数量而论,自2006年始有现今所指"阅读推广"术语的研究论文产生,2011年起突破百篇,2013年至检索日期2017年9月1日,年度数量分别为324篇、505篇、773篇、967篇、655篇,增长幅度甚是惊人;在历时不长的11年间,历年文献总量已达3603篇,说明阅读推广已是一个颇具规模的研究领域。在如此庞大的研究规模里,吴晞先生认为对阅读推广基础理论问题的研究更为匮乏与迫切[3];范并思老师领衔李武、王丹等撰写的《阅读推广理论进展:2005-2015》研究报告采用Citespace软件分析及人工干预的方式得出的分析结论认为,阅读推广基础理论研究需要加强,同时需要运用科学规范的研究方法提升学术成果的价值意义[4]。对阅读推广研究范式的分析总结既是基础理论构建的一部分，也是推动此领域研究质量提升的一个有效路径。

目前相关研究主要集中于图情研究范式。《当代图书情报学研究范式的变革及应用研究取向》一文将对图书情报学理论发展产生推动作用并有共鸣的研究范式归纳为：量化研究范式、质化研究范式、复杂性研究范式[5]。《论图书馆学研究范式的历史演进及其当代建构》一文反思了实在论范式和价值论范式的不足，提出实践论范式应成为当代图书馆学研究的范式选择[6]。《对当前图书馆学研究范式的哲学思考与探析——以学理性范式和技术性范式为例》一文将图书馆学范式归纳为学理性范式和技术性范式[7]。《图书馆学研究范式的若干概念及应用探析》将常用的图书馆学研究范式概括为：规范研究、经验研究、思辨研究、实证研究、定性研究与定量研究[8]。图情学科是阅读推广的紧密相关学科，当前多数关于阅读推广的研究成果也是图情研究人员贡献，故其研究范式必然也是众多阅读推广研究所采用的范式。上述关于图情研究范式的研究，对于阅读推广研究范式之总结在不同的角度都有其参考价值。

关于阅读推广的研究范式，目前有一篇文献有所提及，另一篇文献作了专门探讨。《图书馆情报学实验研究范式及其应用实践》一文认为图书馆情报学走向实证研究将是主流趋势，以图书情报实验研究典型实例作为推导依据，构建图书情报实验研究的一般范式和标准操作规程(SOP)模型;并认为实验方法还可以用于环境设计与读者需求匹配、绩效评估与量化指标管理、阅读推广与用户体验改善等实践领域[9]。《设计科学研究范式:架起阅读推广理论与实践的桥梁》一文探讨了图书馆阅读推广的设计学科属性。诺贝尔经济学奖获得者司马贺在其代表作《人工科学》(1969年)中提出了人工科学(Science of Artificial)的概念,意指研究人工物和人工现象的知识,与自然科学相对应。在人工科学中,有关人工物(系统)的构造研究,司马贺称之为"设计科学"(Design Science),所有为实现人类期望的"可能性目标"的学科都属于设计科学的范畴。该文认为阅读推广是图书馆新兴的主流实践活动,是图书馆组织或个人为促进人们阅读而开展的相关活动,其实质是为解决阅读问题,通过方案设计、系统重构而进行的实践活动,与设计学科包含的 awareness of problem、suggestion、development、evaluation、conclusion 的研究流程范式相一致,具有设计科学属性;阅读推广研究需加强设计科学的研究视角,与解释科学研究范式互为补充,分析解释预测与施策研究并重,共同构建科学的阅读推广活动方案机制[10]。

从现状来看,目前并未有文献总结概括已有阅读推广研究的范式。研究科学领域的范式流派,主要有两种路径;一是定量统计分析方式,如《国外知识管理研究范式——以共词分析为方法》一文基于词频统计得出国外知识管理领域的58个高频关键词,采用共词分析法及SPSS分析工具得出知识管理领域的三大学术流派[11];二是基于内容的定性分析,如《图书馆阅读推广基础理论流派及其分析》一文从概念宗旨及内容出发,将图书馆阅读推广基础理论流派总结类分为4大类、8个流派:使命类(使命说)、实践类(活动说、工作说、服务说、实践说)、休闲类(休闲说)、学科类("阅读学"说、"传播学"说)[12]。本文从"范式"的概念内涵出发,以研究者的学科背景、研究视角、主要观点、研究方法等作为分类依据,将当前阅读推广研究划分为六种范式:文史范式、图书馆学范式、阅读行为学范式、传播营销学范式、法理研究范式、阅读疗法范式;对每一派别的代表学者、研究主题、研究方法、主要观点进行特征剖析;分析这些范式在领域中的地位,并对更具研究前景的范式进行了展望。本研究的意义有三:一是亟待充实提升的阅读推广基础理论研究的有机组成部分;二是开展阅读推广研究时,选取研究主题、选择研究方法与模式方面的有效参考;三是能够为阅读推广研究范式创新作铺垫。

2 阅读推广研究范式

2.1 文史范式

文史范式的研究重心可概括为两方面:一是分析描画书、阅读在不同社会历史文化时空中的呈现;二是考察书、阅读对不同历史年代的社会文化影响。核心代表人物为王余光和徐雁教授,他们同时也是阅读、阅读推广研究的引领人物,中国图书馆学会阅读推广委员会之前身——科普与阅读指导委员会即是由此派学者推动建成。

王余光为北京大学信息管理系教授,曾师从华中师范大学历史文献学研究所张舜徽先生获历史学博士学位,历史文献学是其研究的学科基础。基于此学科基础,他展开了对于书、出版及阅读的研究。按照时代顺序,王余光教授的代表著作主要有:《中国历史文献学》(1988年)、《影响中国历史的三十本书》(1990年初版,该书曾被台湾、韩国引进出版,并于2007年再版)、《中国读书大辞典》(1993年,与徐雁教授合作主编,获第8届中国图书奖)、《塑造中华文明的200本书》(1997年)、《中国读者理想藏书》(1999年)、《中国出版通史(8):民国卷》(2008年,系国家社科基金重点资助项目、国家"十五"、"十一五"重点图书出版项目成果)、《阅读,与经典同行》(2013年)、《图书馆阅读推广研究》(2015年,该书为王余光教授主持的国家社科基金2010年度重点项目的研究成果)。徐雁现为南京大学信息管理系教授、中国阅读学研究会会长,早年在北京大学图书馆学系求学时,曾按当时的教学要求在中文系学习两年,故其研究有较浓厚的文化学、文学风格,尤其注重书文化的研究。其代表作主要有:《中国文化的历史命运》(1988年)、《中国历史藏书论著读本》(1990年)、《秋禾书话》(1994年)、《名人读书录》(1995年)、《中国思想史与思想家评传》(2002年)、《中国旧书业百年》(2005年)、《藏书与读书》(2008年)、《江淮雁斋读书志》(2010年)、《中国图书文化简史》(2010年)、《全民阅读推广手册》(2011年)、《全民阅读参考读本》(2011年)。同时与王余光教授合作主编了《中国读书大辞典》。

文史范式学者注重研究书与社会的交互关系,研究主题通常涉及:对一个民族、社会产生过重要影响力的书籍;典籍在不同历史年代的流传情况;经典的界定与遴选;经典阅读对于民族文化传承及民众素质提升的重要意义;古今中外之推荐书目;特定历史情境下图书的出版情况;不同历史年代的社会阅读状况;媒介对于社会阅读的影响;图书馆与社会阅读。阅读推广之兴起,源于社会希望通过促进阅读的方式来提升民众素质及传承文化的需求,本质是阅读与社会的交互关系结果。因此,文史学派从社会文化的角度对书与阅读展开的研究,构成为阅读推广研究的源头,是阅读推广研究的中流砥柱,指引着阅读推广的重点与方向,对阅读推广研究与实践均有着极大的影响。

从标志性成果来看,文史学派既是阅读推广研究的奠基者,亦是引领者。2011年徐雁主编的《全民阅读推广手册》是首部题名中包含"阅读推广"的著作,集锦式呈现了世界儿童阅读节日、组织、阅读项目、分级阅读体系、推荐书目,世界性阅读节、活动,阅读疗法,代表性书店与图书馆,中国各类型阅读机构,名人读书方法,印刷术与图书版本知识,读书类报刊和网站。2015年王余光教授主编的《图书馆阅读推广研究》出版,含一个总报告和三个分报告,是为图书馆阅读推广理论与实践研究之集大成者。总报告包括图书馆阅读推广研究成果综述、中国阅读转型的历史考察、文本变迁与阅读习惯、社会变迁与家庭藏书、技术变革与图书馆阅读推广、中国阅读推广的争论与思考;三个分报告为:图书馆阅读推广的理论与实践、图书馆儿童阅读推广研究、经典阅读推广研究[13]。同年,王余光先生与中国图书馆学会秘书长霍瑞娟合作主编了"图书馆阅读推广人系列教材",首期编写出版了《图书馆阅读推广基础工作》《图书馆阅读推广基础理论》《图书馆经典阅读推广》《图书馆时尚阅读推广》《图书馆儿童阅读推广》《图书馆数字阅读推广》6册。

从实践领域来看,文史学派从专业学会组建、推广重点指引及推广方法指导等方面推动着社会阅读推广事业。中国图书馆学会阅读推广委员会的前身由王余光先生等直接推动建立,该委员会通过多方举措,引导了全国性的阅读推广浪潮;并开展了全国性的阅读推广人培训,为社会阅读推广事业培养了大量的生力军。阅读推广涉及的要素有推广主体、推广对象、推广内容、推广方法、推广目标、推广效果。其中,关于推广内容,也即推广什么的问题是当前阅读推广相关研究中较模糊的一个环节,但却正是文史学派研究和宣扬较多的内容。王余光先生曾旗帜鲜明地指出经典应是阅读推广工作的核心[14]。从阅读推广兴起的时代背景来看,经典也应是阅读推广的重心。在推广方法上,文史学派注重三种方式：一是开设经典名著导读课程来推动经典阅读，王余光先生一直在身体力行开设名著导读课程，南京大学启动"悦读经典计划"亦说明高校纷纷认识到以教育的方式来推动经典阅读的重要性；二是设置经典阅读室或是经典专架等特色阅读空间来推动阅读，该思想已得到许多图书馆的响应，如深圳图书馆专设的"南书房"、河北沧州市图书馆的诗经阅览室与经典阅览室；三是开设读书讲坛，这种方式为众多图书馆所采用。整体而言，文史学派是阅读推广理论及实践方面的引领性力量。

2.2 图书馆学范式

图书馆学范式是图书馆本位的一种研究范式，研究图书馆阅读推广基础理论问题和实践问题。图书馆阅读推广基础理论问题研究的代表性研究者为吴晞先生和范并思教授。吴晞先生1982年毕业于北京大学图书馆学系（现信息管理系），曾在文化部图书馆司、深圳图书馆等机构任职，曾任中国图书馆学会阅读推广委员会主任，是提出及引领全民阅读社会建设的灵魂人物。吴晞先生对图书馆事业史有深刻的理解和把握，曾翻译《西方图书馆史》（1989年），并编著有《北京大学图书馆九十年记略》（1992年）、《从藏书楼到图书馆》（1996年）、《图书馆史话》（2015年）等著作。基于图书馆史的研究模式，他对于阅读推广的历史发展脉络、在图书馆事业史上的定位有着极为深刻清晰的把握。他曾在多种场合、论文或报告中阐述图书馆在阅读推广中责无旁贷的核心作用,认为图书馆服务已从文献服务、信息服务阶段转化到阅读推广阶段[15],主编有《图书馆阅读推广基础理论》(2015年)。该书阐述了全民阅读、图书馆阅读推广的发展源流与关系,评述了国内外图书馆阅读推广研究状况,总结介绍了国内外图书馆阅读推广的发展状况,同时论述了阅读立法、残障群体的阅读推广、民间阅读推广力量及组织、图书馆阅读推广研究与写作方法[16],可谓是第一部对图书馆阅读推广基础理论问题进行梳理的奠基之作。

范并思先生为华东师范大学教授,在图书馆学基础理论研究方面建树颇多,出版了《20世纪西方与中国的图书馆学:基于德尔斐法测评的理论史纲》(2004年)、《图书馆学理论变革:观念与思潮》(2007年)等著作,引领了中国图书馆界对于图书馆核心价值、图书馆精神、图书馆公平的研究。阅读推广兴起后,他基于图书馆学基础理论研究的深厚造诣,提出"阅读推广已成为图书馆主流服务"的判言,开创性地掀起阅读推广基础理论研究的大旗,2012年领导创设了上海图书馆学会阅读推广委员会(含阅读推广理论与方法分委会),2016年领衔建立中国图书馆学会阅读推广理论研究专业委员会并任主任,主持2015年度国家社科基金重点项目"图书馆阅读推广的基础理论和体系结构研究"。学理性研究是范并思先生阅读推广研究的特点。在《阅读推广与图书馆学:基础理论问题分析》一文中,他指出阅读推广是图书馆服务的一种形式,是活动化、碎片化、介入式的服务;目标人群是全体公民,重点是特殊人群;阅读推广的最终目标是通过阅读提升公民素养,使不爱阅读的人爱上阅读,使不会阅读的人学会阅读,使阅读有困难的人跨越阅读的障碍;而阅读推广的定义、阅读推广与图书馆服务、图书馆核心价值的关系是阅读推广的重要基础理论问题[17]。

阅读推广具有强烈的活动化特征,故当前探讨怎么做、做了什么的研究占有极大比例,主题通常涉及:高校图书馆/公共图书馆的阅读推广策略、儿童/青少年/大学生的阅读推广方法方式、阅读困难人群的阅读推广策略、经典阅读推广方法、数字阅读推广模式、新媒体环境下的阅读推广策略、特定图书馆的阅读推广实践、世界各国的阅读推广模式、阅读推广实践现状调研分析。这些研究展示了丰富的阅读推广方法、模式及案例,为同行提供了极大的实践参考,同时也为"形而上"的理论研究提供了大量鲜活的一手实践资料的支持。

2.3 阅读行为学范式

阅读行为学派认为只有对阅读行为有深入了解和把握,方能提出科学的建议与结论,故在研究方式上较多借鉴认知科学、行为科学的理论与方法,采用实证或实验的方式,基于数据分析结果研究阅读动机、行为、体验、效果等的关系特征,进而提出阅读推广策略或服务建议。

实证研究方法是阅读行为研究领域倍受关注与推崇的一种

研究模式,典型流程为:(1)基于相关学科的理论模型,提出模型与假设;(2)问卷设计:采用文献研究结果、焦点小组或专家访谈结果,以及小规模问卷测试,来形成最终的问卷;问卷通常采用Likert七分或五分量表;(3)数据收集:选定调查对象,说明原因与样本特征、问卷发放方式、发放问卷数、回收的有效问卷数量及比例;(4)研究结果:检验测量模型,考察量表的信度与效度,然后进行假设检验;(5)讨论或结论。例如,《移动服务用户采纳行为的整合模型——基于移动阅读的实证研究》一文基于信息系统、行为科学和心理学理论,从一般技术因素、特定技术因素、消费者心理因素和社会影响因素四个方面构建了一个整合的移动服务用户采纳行为的结构方程模型。接着采用问卷调查方法对模型假设进行验证,问卷的形成经历了三个过程:首先依据文献研究提取各变量的测度项,形成初始量表;通过专家意见法对初始量表进行检验修正;进行小规模测试,依据结果继续修订部分题项,形成最终的问卷。然后运用SPSS 13.0和PLS结构方程分析软件验证模型和假设,最后对研究发现进行了讨论[18]。图情领域具跨学科研究视野的学者将此种研究模式成功引入到阅读推广相关研究中,较有代表性的为上海交通大学媒体与设计学院副教授李武、南京农业大学信息管理系教授茆意宏、四川大学公共管理学院教授李桂华等。李武现为中国图书馆学会阅读推广理论研究专业委员会委员,主持了国家社会科学基金2013年度青年项目

"新媒介环境下青少年社会化阅读及其引导机制研究"、上海市哲学社会科学规划课题2012年度青年项目"上海市青少年数字阅读及其引导机制研究",发表了《感知需求对大学生采纳和使用社会化阅读App的影响研究——以移动新闻客户端为例》《大学生社会化阅读APP持续使用意愿及发生机理研究》《青少年社会化阅读动机与行为之关系研究——以上海市初高中生微信阅读为例》等多篇阅读行为研究的论文。其《大学生社会化阅读APP持续使用意愿及发生机理研究》一文很典型地采用了这种实证研究模式:基于信息系统持续使用模型ECM进行研究假设,综合文献研究、焦点小组访谈的结果设置问项,变量测量主要采用李克特五级量表形式;利用SPSS20.0对统计数据进行描述性分析,利用AMOS 21.0进行结构方程模型分析;最后分析讨论[19]。茆意宏教授先后主持了国家社科基金2012年度项目"移动互联网用户阅读行为与服务策略研究"和2016年度项目"基于内容营销的深度数字阅读推广研究",应用实证研究方法,以移动互联网用户阅读寻求行为、阅读使用行为、阅读交流行为等为主题开展研究,并发表了系列论文。李桂华主持国家社科基金2016年度重点项目"全媒体环境下复合阅读行为及其阅读推广对策研究",发表了《当代阅读行为研究:研究导向与概念构成》《阅读社区研究:阅读推广视角的社群信息学研究实践》等前期理论性梳理成果,目前也正在采用实证研究方式进行课题的研究。新一代研究人员也越来越注重采用实证研究方法来开展更有科学依据与数据支持的规范性研究。李新祥的博士论文《数字时代我国国民阅读行为嬗变及对策研究》根据已有文献及国民阅读调查数据,提炼出一个包括阅读主体、阅读媒介、阅读环境三个维度的指标体系;据之设计问卷,展开基于量化的国民阅读行为特征的研究[20]。

实验研究模式往往是采用实验对照数据来探讨阅读机理与效果,进而提出阅读引导策略。较有代表性的研究人员为东南大学图书馆研究馆员袁曦临。该学者主持了国家社科基金2013年度一般项目"数字阅读机制与导读策略研究",发表了《纸质阅读与数字阅读理解效果实验研究》《网络数字阅读行为对阅读脑的改造及其对认知的影响》《基于PAD的移动阅读行为及阅读体验实证研究》等论文。

阅读行为学范式以较成熟的理论或模型为基础,采用定量的方式研究阅读行为,由此产生实践性策略建议,是新一代研究人员较推崇及认可的研究方式。应用这种研究范式能够有效提升阅读推广研究的科学化、规范化及国际化程度,因而应用前景更为广阔。

2.4 传播营销学范式

传播营销学范式通常是从要素或模式的角度探究传播学、营销学等相关学科与阅读推广的相近之处,应用其理论框架,来展开阅读推广的研究与实践。谢蓉认为阅读推广活动从本质上可以归结为一种传播活动,符合传播学的一般原理;拉斯韦尔五W模式理论,将传播过程分为五类要素:Who(谁)、Says What(说了什么)、In which Channel(通过什么渠道)、To Whom(向谁说)以及With What Effect(有什么效果),能够用来总结和解释图书馆阅读推广的整个过程。根据传播学理论,任何阅读推广活动,不外是对推广主体、阅读者、阅读对象以及推广媒介等要素在一定时空范围内进行一定的设计、组合、组织和配置的结果[21]。后来她又携手刘炜、赵珊珊等研究者对阅读推广与相关学科的关系进行了进一步的阐述,认为阅读学、教育学、传播学、社会学、认知科学、图书馆学、市场营销学是阅读推广的相关学科,而侧重通过方法和过程设计达到传播效果的传播学最值得借鉴;图书馆阅读推广是阅读学、图书馆学、传播学交叉的领域[22]。此类研究借鉴传播学的理论模型来建构阅读推广的理论模型,能够对阅读推广研究产生有益的启迪。陆晓红在文献调研与实证调研的基础上,引入战略管理理论、营销理论、儿童发展理论、阅读理论等多学科理论,构建我国公共图书馆儿童阅读推广模式[23]。薛宏珍借鉴7P服务营销组合理论(product、price、place、promotion、power、public relation、people、process、physical evidence)开展"微书评"、"书香吧"的阅读推广实践[24]。刘怡君应用4R营销理论框架(Relevance、Reaction、Relationship、Reward)[25]展开阅读推广研究及实践。阅读推广兼具营销与传播的性质,传播学与营销学领域已有相当多成熟的理论或模型,将其应用于阅读推广研究与实践,甚至是形成阅读推广理论模型,将是非常有价值的借鉴。

2.5 法理研究范式

立法对于社会阅读具有重要的、根基性的保障促进作用。法理研究派以对阅读相关立法问题的研究来宣扬及推动立法进程而自成领域,研究主题包括:立法的可行性、必要性、价值意义,国际上相关立法情况、重点内容、对于阅读的推进作用,中国相关立法背景、历程、评价、立法框架与内容建议等。研究主体主要来自于图情领域、新闻出版领域和法学领域。

《全民阅读立法:以国家意志推动学习》一文指出"全民阅读立法,就是以法律法规的形式将推动全民阅读工作纳入法制化轨道,确定政府为促进全民阅读的责任主体。具体的设想包括:将全民阅读经费纳入财政预算,制定全民阅读规划,发布全民阅读调查情况,提供公共阅读场所,举办全民阅读活动,保障公民阅读权利等。"[26]张麒麟的硕士论文《全民阅读立法研究》总结了国外阅读立法经验,探讨了我国阅读立法的依据,提出了《全民阅读促进条例》的基本框架[27]。肖容梅对我国阅读立法的背景、进展情况进行了梳理与分析[28]。蔡箐分析了国外阅读立法情况与特点,包括重视未成年人的阅读、调动各界力量共促阅读、保障图书馆等公共文化设施资源建设、注重提高阅读能力和培育阅读素养、制定规划计划与立法相结合、设立阅读日和阅读基金制度等,以启迪于国内的阅读立法工作[29]。这些研究虽然并不直接以阅读推广为研究对象，但却有效地推动着阅读领域的相关法律条文的制订与出台。

《国外阅读领域立法分类探究》一文将阅读领域的立法分为三类：一是综合性法律，如俄罗斯的《国家支持与发展阅读纲要》、韩国的《读书文化振兴法》；二是专门性法律，如美国的《阅读卓越法》、日本的《关于推进儿童读书运动的法律》；三是行业性法律，如加拿大的《国家图书档案馆法》、丹麦的《图书馆服务法》[30]。参照这个范畴，近一年来国内先后出台了三项有阅读促进作用的法律条文：一是全国人民代表大会常务委员会2016年12月25日发布、2017年3月1日起施行的《中华人民共和国公共文化服务保障法》；二是2017年6月国务院法制办办务会议审议通过、自2017年6月起实施的《全民阅读促进条例（草案）》，该条例是为促进全民阅读，保障公民的基本阅读权利，提高公民的思想道德素质和科学文化素质，培育和践行社会主义核心价值观，传承中华优秀传统文化，推动社会文明程度显著提高，根据宪法和有关法律而制定；三是2017年11月4日十二届全国人大常委会第三十次会议审议通过的《中华人民共和国公共图书馆法（草案）》。这些法律法规对社会阅读基础设施设置、经费保障、服务规则、总体规划等基本问题进行规定，能够有效保障及推进社会阅读。

2.6 阅读疗法范式

阅读疗法是一种以医学的精度将特定阅读内容推广给针对性读者深读和体会,并达到推动读者心理健康发展或是促进读者心理精神疾病康复目标的阅读推广方式。与普及性阅读推广相比,阅读疗法在人员资质、技术水准、实施效果等方面均要求更高更专业,因而成为一个独特的医学、心理学、图情人士交叉研究的领域。医学界人士的研究论文主要为三类,一是对于阅读疗法起源、发展历程的推介性介绍;二是阅读疗法的应用情况述评;三是阅读疗法在治疗各类精神、心理性疾病方面的临床效果研究,通常会采用实验对照的研究方法。国外阅读疗法在医疗过程中应用广泛,因而医学领域的研究者发表的成果远多于国内。

相对而言,中国阅读疗法的大部分研究成果由图情学者贡献,并产生了王波、陈书梅、宫梅岭等代表性研究者。王波为《大学图书馆学报》副主编,兼任中国图书馆学会阅读与心理健康分委员会首届主任,早在1998年即发表了《图书疗法在中国》一文,是国内较早关注及研究阅读疗法的学者。其后,他对阅读疗法原理、概念、类型、书目、中国不同历史时期阅读疗法的应用、国外阅读疗法等问题进行了研究,发表了系列论文,并于2007年出版了《阅读疗法》一书,引起了广泛的好评,可谓是阅读疗法的集大成研究者。陈书梅为台湾大学资讯管理系副教授,是台湾地区研究阅读疗法的领头人,侧重采用德尔菲法、半结构式深度访谈法、问卷调查法等方法,研究小说、电影、绘本等阅读材料对于儿童、大学生、流浪人员的心理疗愈效用,基于这些研究指导了新竹教育大学图书馆与高雄市立图书馆的阅读疗法服务、发起了"送儿童情绪疗愈绘本到四川"的活动,体现出较强的以研究指导和影响社会实践的发展特征。泰山医学院图书馆宫梅岭是由实践上升为研究的典型代表。宫梅岭开展阅读疗法实践起源于她对泰山医学院发生的学生由于心理问题而导致的恶性事件的思考,由之她展开了关于大学生常见心理问题与偏好的求助方式的调查,发现大学生发生心理困扰理想求助方式前两名是知心朋友倾诉法和读书排解法;后来在沈固朝教授的《图书治疗——拓展我国图书馆服务和图书馆学研究新领域》、王波老师的《图书疗法在中国》文章的启发下,坚定地步入到阅读疗法的研究与实践领域。在持续不断的实践中,她总结出阅读疗法、音乐疗法、同伴辅导法、心理咨询法四法合一的心理健康教育模式,取得良好的成效,并据之在医学及图情刊物上发表了系列文章,成为跨界的阅读疗法实践与研究的代表性人员。

总结而言,王波关于阅读疗法的系列成果为进一步的研究奠定了厚实的基础,陈书梅采用实证研究方法来展开阅读疗法的研究模式值得推广,宫梅玲基于实践提炼总结阅读疗法的实施模式颇有参考价值。阅读疗法是阅读推广事业中非常值得应用及创新的一个领域。关于阅读疗法如何在阅读推广工作中普及、如何应用大数据的方式来推进阅读疗法实践,均是接下来值得研究及实践的问题。

3 总结与展望

范式是研究视角、内容、观点与方法的综合。上述六种范式以其在主题内容或方法方面的强烈特征而得以区分,形成独具风格的知识领域或研究个性。概括而言,文史范式、行为学范式、阅读疗法范式可归属于阅读本位式的阅读推广研究,文史范式侧重的是阅读的文本,行为学范式侧重的是读者的阅读行为,阅读疗法实质也是探究阅读的文本对于人们心灵的疗愈机制;图书馆学范式、传播营销学范式则属于图书馆本位式的阅读推广研究,从图书馆服务实践及图书馆学研究范式出发,来提出问题并展开研究;法理研究范式是在对社会阅读推广事业发展特点深入把握的基础上,对所涉及的各方社会力量的责任、权利、要求、指标等进行具有法律效应的规定,其目标在于保障和推动社会阅读,但很明显其出发点与其他几种研究范式是有所差异的。本文归纳分析了这六种特色鲜明的研究范式的特征,以在勾勒呈现流派的同时,启迪于后续研究。从各流派的研究视角、内容、方法与价值来看,下述方面值得进一步应用或突破:

(1)基于大数据的智慧阅读推广平台体系研究。当前图书馆的许多阅读推广实践是基于经验或是小众数据而推出,因此无法产生广泛的影响力,成效受限。全民阅读社会背景下,建设基于读者、读物、活动大数据的智能对接型大阅读平台体系,对于阅读推广主体、读者均具有重要的意义。当诸如图书馆等阅读推广主体机构要策划一个推广活动时，可以从平台上获取读者阅读偏好、相关典型活动案例等数据；当读者遭遇特定阅读需求时，可以从平台上便捷发现针对自己需求的读物、或是可以加入的线上线下活动信息。当然，推广主体及对象均可在线提交相关信息或是进行交互。基于大数据方式智能地为读者找需要的读物/活动、为读物/活动找读者，而不仅是呆板地提供一个通过检索、浏览等传统方式来查找阅读对象，是发展的必然。因此，关于智能型的大阅读平台的体系架构、读物或活动的揭示机制、读者数据分析模型、读物或活动与读者之间的交互机制等均值得深入研究。

（2）融合创新型的阅读推广实践项目、模式研究。阅读推广是一项参与力量多元、方法多元的社会事业，需要多维融合创新，采用新的运作模式，实施具有示范效应或是社会影响力较大的项目，来推动进展。例如，对高校图书馆而言，阅读推广应从人才培养的角度，与通识教育、信息素养教育、思想政治教育、心理卫生教育、社会实践、课外生活等进行有效整合，开创新型模式或项目，推动复合型人才之培养。对于公共图书馆体系而言，从社会阅读习惯之培育、弱势群体之关照角度，整合多方力量与资源，设计可行的全国性或区域性阅读推广项目，将阅读推广落到实处、起到成效。这样较宏观的顶层设计，对阅读推广涉及的各类主体机构、阅读推广法理研究均大有裨益。

（3）阅读推广研究的理论模型，从构成要素或是流程解析的角度，借鉴相关学科成熟的模型，构建阅读推广的理论研究模型，推动阅读推广研究的学理化进程。

（4）阅读行为研究与阅读推广实践的结合，即用实证或实验的方式取得读者阅读行为的数据、或是运用大数据思维对多方阅读数据进行分析挖掘，来策划设计阅读推广实践方案，推动阅读推广工作科学有效的开展。

（5）阅读推广文化研究，也即从文化社会学角度考察阅读推广这一社会事业的历史文化脉络、所体现的时代文化特点。这个主题既是文史研究范式的研究拓展，也与图书馆事业史相交融。

（6）作为特殊推广方式的阅读疗法在各类型图书馆的普及应用研究。基于心理学、教育学、文献学的研究成果，研究归纳不同人群的特征心理问题，梳理对这些特征心理问题有疗愈作用的图书及相关文化作品，研究阅读疗愈空间的建设方式，以研究指导阅读疗法的普及与应用。

近十年来阅读推广研究经历了井喷式的发展，已步入到一个亟需沉淀、深入及创新的阶段。从研究主题、方法等方面进行范式创新，推出更具标志性意义的成果，阅读推广研究将迈入深刻、严谨与成熟的发展进程！

（2017年11月）

参考文献:

[1]托克斯·库恩.科学革命的结构[M].金吾伦,胡新和,译.北京:北京大学出版社,2012

[2]乔治·锐查,华大明.社会学——一门多范式的科学[J].社会,1988(7):8-12

[3]吴晞.图书馆阅读推广的若干热点问题[J].图书馆,2015(12):31-33

[4]李武,王丹,黄丹俞,等.图书馆阅读推广研究十年进展(2005-2015)[J].图书馆论坛,2016(12):54-65

[5]张力.当代图书情报学研究范式的变革及应用研究取向[J].图书情报工作,2005(7):58-61

[6]傅荣贤,马海群.论图书馆学研究范式的历史演进及其当代建构[J].情报资料工作,2010(1):11-15

[7]王梅,王杉.对当前图书馆学研究范式的哲学思考与探析——以学理性范式和技术性范式为例[J].图书情报知识,2013(4):35-41

[8]高淑琴.图书馆学研究范式的若干概念及应用探析[J].图书馆建设,2012(1):5-8

[9]刘丽敏,柯平,王晴.图书馆情报学实验研究范式及其应用实践[J].图书馆,2017(7):1-5

[10]黄丹俞.设计科学研究范式:架起阅读推广理论与实践的

桥梁[J].图书与情报,2016(3):61-66

[11]张勤,马费成.国外知识管理研究范式——以共词分析为方法[J].管理科学学报,2007(6):65-75

[12]王丹,范并思.图书馆阅读推广基础理论流派及其分析[J].大学图书馆学报,2016(4):23-29

[13]王余光.图书馆阅读推广研究[M].北京:朝华出版社,2015

[14]王余光.图书馆阅读推广研究的新进展[J].高校图书馆工作,2015(2):3-6

[15]吴晞.任务、使命与方向:图书馆的阅读推广工作[J].图书馆杂志,2014(4):18-22

[16]吴晞.图书馆阅读推广基础理论[M].北京:朝华出版社,2015

[17]范并思.阅读推广与图书馆学:基础理论问题分析[J].中国图书馆学报,2014(5):4-13

[18]韩超群,杨水清,曹玉枝.移动服务用户采纳行为的整合模型——基于移动阅读的实证研究[J].软科学,2012(3):134-139

[19]李武,赵星.大学生社会化阅读APP持续使用意愿及发生机理研究[J].中国图书馆学报,2016(1):52-65

[20]李新祥.数字时代我国国民阅读行为嬗变及对策研究[D].武汉:武汉大学,2013

[21]谢蓉.数字时代图书馆阅读推广模式研究[J].图书馆论坛,

2012(3):23-27

[22]谢蓉,刘炜,赵珊珊.试论图书馆阅读推广理论的构建[J].中国图书馆学报,2015(5):87-98

[23]陆晓红.我国公共图书馆儿童阅读推广模式研究[D].天津:南开大学,2014

[24]薛宏珍.服务营销组合策略在阅读推广中的实践与探索——以广西科技大学图书馆"微书评"为例[J].图书情报工作,2016(3):83-89

[25]刘怡君.基于营销理论架构的全民阅读推广策略——以长春图书馆为例[J].图书馆学刊,2016(9):5-8

[26]胡兆燕.全民阅读立法:以国家意志推动学习[N].中国财经报,2013-08-08(006)

[27]张麒麟.全民阅读立法研究[D].南京:南京大学,2015

[28]肖容梅.我国阅读立法的由来、进展及分析[J].国家图书馆学刊,2016(1):16-23

[29]蔡箐.国外阅读立法:现状,特点与借鉴[J].图书馆杂志,2016(8):29-35

[30]徐同亮.国外阅读领域立法分类探究[J].出版发行研究,2015(11):81-84

图书馆是塑造人类心智的力量

王余光

今天,在美丽的苏州,在典雅的苏州图书馆,中国图书馆学会阅读推广委员会成立大会举行,我作为他的一名忠诚的战士,心中充满无比喜悦与兴奋。同时,我又作为这一委员会上一届的负责人,对新一届的各位委员,对吴晞馆长作为主任的新团队表示衷心的祝贺!

各位同仁,在世纪之交,阅读作为一种文化,正经历着一场变革与转型,图书馆与读书人,正面临着一种从传统向未来,从青灯黄卷向游谈无根过度的挑战。在这一过程中,有人兴奋与喜悦,有人焦虑与不安。也正是在这一背景下,中图学会于2005年成立科普与阅读指导委员会,试图以其自身的研究与行动,来回应这一时代的变革,来回应阅读文化转型中所出现的问题与挑战。虽然我们的回应才刚刚开始,但我们已欣喜地看到,从基层图书馆到国家总理,对读书,对人们的阅读行为,已给予了相当的关注。从大学博士学位论文,到今年国家社科基金立项,已给予了阅读文化研究一个重要的定位。

各位同仁,这个委员会刚刚走过四年的历程,对过去,还谈不上有什么成绩,对未来,我确实充满了期待。期待着一个悠久的读书传统在现代社会的延续与传承,期待着一个文明古国立足于世界之林。

提倡全民阅读,图书馆要发挥重要作用。首先,在信息时代,图书馆是一个地区或者一个社区、一个学校的信息中心,能够有力地提供阅读的保障。因为我们建立家庭藏书体系只是一个方面,毕竟家庭藏书是有限的,杂志、报纸往往都不具备,也没有必要,而图书馆可以提供我们一种连续阅读的保障。其次,图书馆本身承担着很多责任,比如政府咨询、科研保障等,但同样承担着民众继续教育、推动民众阅读的责任,这是图书馆的神圣的使命。中国公共图书馆建立的100多年来,图书馆的研究者、工作者以及有识之士,都一直在呼吁图书馆要成为大众阅读、民众继续教育的一个重要的机构。强调公共图书馆对公众免费开放,就是为了让所有的人——不管他是什么人,都能够得到阅读的机会。最后,图书馆要主动地采取一些措施来推动社会阅读,比如:推荐书目、推出读书报告、新书宣传、协助社区和家庭开展亲子阅读等,丰富人们的文化生活。

图书馆是一所大学,永远宁静而神秘。图书馆促进民众阅读还有很多工作要做,希望每一个地区每一座城市的图书馆,都能够提供给人们好的读书环境。希望我们的图书馆可以像西方的教堂一样矗立在那里,成为人们精神的圣地。

作为一名教师,我曾向我的学生这样描绘图书馆。我说:

图书馆,

是塑造人类心智的力量,

是城市与乡村的文化心脏,

是浮躁生活中的宁静港湾,

是读书人灵魂的天堂。

如果说,上述描绘对今天的我们来说,还仅仅是一个理想,那么图书馆,正以阅读推广来践行这一理想。

图书馆的践行,正向我们传递着:阅读是一种理念,阅读是一种实践,阅读,在某种程度上也是一种象征,同时,阅读也是一种证明。她正在证明着,人,不仅仅需要物质的满足;人,还需要灵魂的慰藉。她也正在证明着,阅读,一个独立品格形成的最好途径。

让我们在阅读中一起成长!

图书馆:点亮阅读之光

王余光

早在1927年,李小缘先生在他的《图书馆学》一书中就提出:图书馆即是教育。他说:

"学生在学校,务求养成爱读书习惯,训练用公共图书馆之方法无微不至,使中学学生而升学,则知用大学图书馆;万一不能升学,宣布与学校脱离关系,不至于与教育脱离关系,仍可在谋生余暇之外,借公共图书馆,继续研究学问。……教育家向称公共图书馆为平民大学。"(《图书馆学》第一章,第四中山大学1927年铅印本)

教育的责任主要由学校来承担,但学校教育是有阶段性的,且高层次教育对受教育者也是有选择性的。因而,图书馆就应当承担起社会教育的责任,特别是公共图书馆,对所有人开展社会教育,免费的,既无阶段性,亦无选择性。这不仅是公共图书馆的一种责任,同时也是图书馆人的一种理念。

最近,东莞图书馆一位读者,是在东莞打工的湖北农民工吴桂春先生,他在东莞图书馆写下的读者留言,在社会上引起了巨大的反响。对于这件事,我首先想起的,即是李小缘先生在近一百年前写下的那段话:图书馆即是教育。而这种教育正是通过阅读、公益讲座等事项来实现的。就我所知,十几年来,东莞图书馆一直推崇阅读启智,昌明教育功效。2005年,中国图书馆学会增设科普与阅读指导委员会(后更名为阅读推广委员会),以加强图书馆推广阅读的功能。鉴于东莞图书馆在社会阅读上的优秀表现,这个委员会在东莞图书馆召开了成立会。十几年来,东莞图书馆是中图学会阅读推广委员会的明星成员,不仅其自身在阅读推广的实践与理论上,贡献良多;而且在推动全国图书馆开展阅读推广上提供了诸多协助。2016年,东莞图书馆馆长李东来先生成为中国图书馆学会第三届阅读推广委员会主任。这是一场接力赛,他不仅接下了十年阅读推广的接力棒,也接下了百年来图书馆人的理念与担当:图书馆即教育,阅读是社会教育的基石。

就在阅读推广委员会成立的当年,东莞图书馆开始建设"市民学堂",通过系列讲座及相关阅读推广活动,把图书馆打造成市民的学堂。这正是秉承图书馆即教育的这一理念而行的。比如系列讲座,就吸引了诸多听众参与其中。这些听众,除了教师、学生外,一些公务员、企业家、家庭妇女和农民工,也都是热心的听众。我本人也参与了东莞图书馆的公益讲座,对此有切身的体会,并对听众的求知热情,深为感动。有些讲座,不仅受听众关注,新闻媒体也参与其中,予以报道讲座内容,让讲座的效益更加扩大。2006年,中国图书馆学会阅读推广委员会在东莞图书馆召开成立会,我在会上作了一场《让阅读成为我们生活的一部分》的讲座。后来,《中华读书报》即刊载了我的这篇演讲稿,编者在按语中说:

（本报）连续6期推出以倡导阅读为主题的系列报道和文章,专题取名"书香中华",寓意希望人们重拾阅读的乐趣,书香遍中华。……考虑到读者朋友分散在各自的社会生活当中,如果大家都能行动起来——比如在恰当的时候做一点小小的提醒或是劝说,也许就会有新的力量加入到"我们"当中。从这个意义上讲,本期本版所刊北京大学教授、博士生导师王余光先生的演讲稿,尽管是"书香中华"专题的结束,但"让阅读成为我们生活的一部分"的美好期嘱,也许会从此在更大的范围内生根发芽。（《中华读书报》2007年5月16日）

显然,图书馆公益讲座不仅普及知识,也在阅读推广中发挥了重要作用。

2009年我受东莞图书馆之邀,在该馆作了一场《阅读,与经典同行》的公益讲座。不久,《光明日报》全文刊载了这篇两万字的讲稿,以期让更多的人了解讲座的内容。《阅读,与经典同行》在《光明日报》2009年4月30日刊出不久,除一些网站转载外,《新华文摘》、《新华月报》、《教育文汇》等杂志亦加转载,《新华文摘》与《新华月报》还将讲稿题目放在封面上,向读者重点推荐。

2010年,《光明日报》"光明讲坛"专栏与东莞图书馆合作,又邀我作《时代转型,阅读永恒》的公益讲座。"光明讲坛"主持人说:

4月23日是世界读书日。读书,就个人而言,是学习最基本最重要的途径;就社会而言,则如高尔基的名句——"书籍是人类进步的阶梯"。传承华夏文明、涵养民族气质、培育民族精神、提升国家创造力——读书,是绕不过去的必经之途。从夏彝商尊的金文,到两汉碑刻的拓片;从晋唐书迹的遗墨,到宋代刊刻的善本;从工业时代的印刷,到网络新兴的电纸书,社会不断发展,书籍的载体和阅读的方式不断改变,但是阅读的习惯和崇尚阅读的社会风气,应该是永恒的。

这次,光明讲坛与东莞图书馆合作,请来王余光教授谈谈阅读文本的变迁和当代的社会阅读习惯。在东莞这座城市谈阅读也更有意义:某种程度上这里就像当今中国的缩影,经济发展了,怎样通过阅读,提高人的素质,最终使一座城市持续健康发展呢?(《光明书报》2010年4月22日)

《光明日报》不仅全文刊登了这篇演讲稿,还刊登了一些专家与听众在演讲后的对话。

以上三次公益讲座,媒体都全文刊发了演讲稿。这不是说我的演讲稿有多么精彩,应当看到,东莞图书馆公益讲座受到了媒体的高度关注。我以为,东莞图书馆举办的公益讲座,其影响已超越了图书馆界,对民众生活与社会教育都有广泛的影响。

吴桂春先生在东莞图书馆的留言,让我想起的第二件事:图书馆即是一个实体空间。吴先生在留言中说:"想起这些年的生活,最好的地方就是图书馆了。虽万般不舍,然生活所迫,余生永不忘你,东莞图书馆,愿你越办越兴旺。识惠东莞,识惠外来农民工。"我做个假设,假设东莞图书馆是一座"云图书馆",吴先生就不会说它是"最好的地方"、大概也不会说"余生永不忘你"。图书馆应该是一个实体的空间,有书看,有空调。李东来馆长与他的团队,总不能站在云上,让读者梦里寻他千百度、蓦然回首、那人却在云端里。恰恰相反,他们是在东莞图书馆那宽敞明亮的大厅里,微笑着面对每一位读者。这才会有人对你说:余生永不忘你!

近一段时间疫情严重,大学改为网上上课,学生留在家里不能回校,留在学校的学生也不能去图书馆。我的一些博士生对我说:留在家里或宿舍里,看书写作不专心,效率很低,在图书馆读书写作效率才高,好想去图书馆。

可以这样说,一个实体图书馆,无论对一个农民工,还是对一个博士生,都是其他东西无法替代的。只有如此,它才能是读者心中的天堂,让我们爱它,不忘它。也只有如此,它才能激发读者求知的欲望,点亮读者阅读之光。

(2020年7月)

阅读推广,图书馆界在行动

赵 晓

近10年来,读书成为一个广受人们关注的话题。由于受到手机的冲击,真正意义上的读书与我们渐行渐远,人们读书的时间减少,热情在下降,而长期形成的阅读习惯也在渐渐发生改变。这一现象受到了家庭、学校乃至社会的广泛关注。

为此,图书馆界做出了很多努力,以实际行动推动社会关注阅读。2005年中国图书馆学会决定成立科普与阅读指导委员会,对社会阅读问题开展研究,并协助图书馆开展相关阅读活动。2009年该委员会更名为阅读推广委员会,下设15个专业委员会:阅读文化研究委员会、推荐书目委员会、家庭藏书读书委员会、图书馆与社会阅读委员会、媒体与阅读委员会、少儿阅读推广委员会、大学生阅读委员会等。从这些专业委员会的设立,可以看出阅读关系到社会各层次人群,关系到知识接受方式与民族素质、关系到社会公平与心理健康等一系列社会问题。由此,"阅读推广"的理念一经提出,就受到广泛关注。社会各方通过不同的方式和途径,开始为阅读推广做出努力。图书馆作为民众最常见的文化服务机构,在阅读推广领域发挥着不容忽视的力量。

日前,北京大学王余光教授主编的《图书馆阅读推广研究》一书面世,针对图书馆阅读推广中的种种问题展开了系统的讨论。

该书是国家社科基金重点项目的研究报告,分为四个部分。第一部分对近10年来我国"图书馆与阅读推广"研究的情况进行了总结,在对图书馆和阅读推广的研究背景充分认识的基础上,分析学术界对该问题研究的主要方面,总结图书馆和阅读推广的研究成果,对阅读转型进行了历史考察,阐述了21世纪以来读者阅读习惯的变迁以及对社会变迁与家庭藏书的转型、技术变革与图书馆阅读服务等问题进行了深入探讨,最后对中国阅读推广的争论问题:如"国家读书节"设立的意义、经典阅读与儿童读经、大数据时代的推荐书目、纸本阅读与数字阅读等进行了分析与讨论。

第二部分讨论图书馆阅读推广的理论与实践。对国内外公共图书馆的阅读推广相关文献进行了概述,分析了中国公共图书馆阅读推广的基本条件,依次详细探讨了中国国家图书馆、中国省市图书馆及中国基层图书馆三大不同类型公共图书馆在阅读推广中的不同定位、策略和发展,展现了中国公共图书馆阅读推广的现状,分析了中国公共图书馆阅读推广的特点和发展趋势,总结了中国公共图书馆阅读推广的经验教训,为中国公共图书馆阅读推广活动的具体展开提供了意见和指导。

目前,图书馆在开展阅读推广的实践中,儿童阅读与经典阅读受到高度重视,因此该书的第三与第四部分,对上述两个话题分别加以深入讨论。

在儿童阅读推广方面,与家庭、学校相比,图书馆具有更加丰富的资源、专业的人才、可展开形式多样的阅读活动、为儿童量身定制的环境等优势。书中对图书馆开展儿童阅读推广的必要性、范围、优势、基本要素、推广策略,网络环境下的儿童阅读推广等问题展开讨论与研究,对儿童阅读推广的一些经典案例加以解析,并通过中美儿童阅读推广的比较,探索中国儿童阅读推广的适宜方法与途径。

中华民族作为一个尊先法、重古训的民族,对经典的传承和发展颇为重视。《图书馆阅读推广研究》一书探讨了当前学校教育和家庭教育中经典阅读的不足和问题,论述了当前图书馆界经典阅读推广的现状,结合创建全民阅读和书香社会的背景,对我国经典阅读推广的活动提出了建议和对策。就笔者所知,随着该课题部分成果的发表及课题组成员的参与,近些年对经典阅读推广的关注渐渐成为图书馆界阅读推广的新亮点。国内一些公共图书馆在经典阅读推广方面进行了有益的尝试,取得了良好的效果。如2013年11月,深圳图书馆创设了"南书房"服务区,倡导经典阅读;深圳市南山区图书馆建有经典阅览室,河北省图书馆设有经典空间,还有一些图书馆专门设置了经典书架。

透过《图书馆阅读推广研究》一书，我们不仅看到了图书馆界在阅读推广纵深与个性化方向发展方面做出的努力，我们更坚信，通过一代又一代图书馆界同仁的努力，一个书香社会必将在中华大地上逐步形成，读书定会蔚然成风。

（2016 年 1 月）

一种阅读推广的新方式
——读书公园的规划设计

熊 静 赵 晓

读书公园,是以读书和阅读文化为主题,以营造书香氛围,促进全民阅读为宗旨的公共文化基础设施,从广义上来说属于城市主题公园的一种,是一项重要的民生工程。自上世纪80年代以来,我国持续推行全民阅读的文化政策[1]。近几年,"倡导全民阅读,建设书香社会"已经成为社会共识,得到了方方面面的广泛关注。阅读推广是提高国民阅读率和阅读水平,建设书香社会的手段和措施,随着全民阅读工作的深入,阅读推广事业的形式和内涵也越来越丰富,创立了一系列的品牌,如"书香中国""读书节"等,取得了很好的社会反响。而读书公园,是近年来兴起的一种阅读推广的新形态,是阅读推广、全民阅读工作发展到一定阶段的必然产物。由于读书公园是新生事物,相关实践和理论研究才刚刚起步,本文将就读书公园的功能和价值展开讨论,并根据案例介绍读书公园内容规划的一般方法和模式。

1 读书公园与阅读环境

读书公园,是一种以阅读为主题的城市文化公园。近年来,随着中国经济的快速发展,各地政府都十分重视文化建设,希望将文化元素大量引入到城市规划中来,各类文化主题公园就是其中一项颇受地方政府重视的项目。据相关机构统计,近十年来,我国的主题公园呈现井喷式发展态势,截止2017年,中国主题公园数量达到2500多家。至2020年,我国有望超过北美和日本,成为全球最大主题公园市场[2]。上述数据虽然并不专门针对文化主题公园,但其在主题公园中所占的比例亦相当可观。对我国主题公园产业面临问题的调查也显示"部分主题公园文化挖掘和融合不足"[3]。纵观全球,所有优秀的主题公园,不仅提供休闲、娱乐的功能,同时也是文化传播和输出的平台,比如美国的迪士尼乐园就是美国文化的展示平台。与之相比,我国的主题公园在挖掘和营造文化内涵,传播优秀传统文化方面所做的远远不够。

我国是一个拥有五千年辉煌灿烂历史的文明古国,中华传统文化中可资利用的文化符号如恒河沙数。有学者运用2002-2012年54个重点旅游城市的相关数据进行统计,发现文化符号,如国家历史文化名城和近代史迹,以及城市绿地面积等,均对城市经济增长具有正向作用[4]。可见,深入发掘优秀传统文化,坚持文化自信和文化引领,是我国城市主题公园建设的正确途径。阅读既是传统文化的保存和传播途径,同时阅读的历史和精神又是优秀传统文化的组成部分,在全民阅读、书香社会建设的文化政策背景下,将阅读的主题引入城市文化主题公园建设,是一种必然的选择,这是孕育读书公园的现实土壤。

从功能角度说,读书公园首先要满足"休闲游憩、美化城市、平衡生态"[5]等城市公园的一般要求,更重要的则是紧扣主题,营造阅读氛围,为市民提供阅读空间。从本质上说,阅读是阅读主体(读者)与文本相互影响的过程,是阅读主体实践活动与精神活动的一种体现[6]。所谓"处处留心皆学问",似乎并不一定需要专门的阅读空间。我们不能否认对于那些拥有良好阅读习惯和能力的人来说确实如此,但对大多数读者而言,阅读环境仍是影响其阅读行为的关键因素。图书馆推广经典阅读,往往建立专门的经典阅览室或者经典书架[7],其理论依据就是阅读氛围对读者阅读行为的影响。此外,阅读行为虽然是由每个独立的个体实施的,但一个群体的阅读活动往往受到经济、政治、文化等环境因素的影响,从而形成一种群体性的阅读价值观,成为阅读文化的一部分。中国人自古尊重文本,重视阅读,即使不识字的老农,也懂得"敬字惜纸"的道理。这是因为经过长期阅读文化的熏陶,我们的阅读价值观认为:读书是一个人修养、地位、权利的象征[8]。即使不爱读书的人,也认同书或读书的象征意义。因此,在文本尊重的基础上,古人十分重视营造私人阅读空间,对书斋内外环境的经营达到了令人叹为观止的程度。也许有人会嘲笑古人的"附庸风雅",但是,我们不应轻视书籍和阅读的象征力量。特别是在目前这种国民阅读总体情况不容乐观的现实下[9],读书公园应该成为一种标志,一个文化的符号,让不爱读书的人感受到阅读的神圣,给热爱阅读的人提供一个舒适的阅读空间。这是读书公园出现的文化背景。

2 读书公园的功能和价值

由于读书公园出现的时间较短,尚未有学者对其性质和功能提出观点,但读书公园与目前受到较多关注的"公共阅读空间"有较多的相似性,我们可以借用相关研究对读书公园的性质加以界定[10]。首先,读书公园应具有公益性。知识是一种公共物品,那么,传播知识的手段——阅读,也具有类似的性质。因此,读书公园的建设应当主要由政府投资,或者是公益行为。其次,读书公园应具有知识性。这是读书公园区别于其他主题公园的主要特征,应对阅读和读书的主题进行深入挖掘,体现一定的专业性,并给予民众切实的阅读帮助。第三,开放性。应当面向辐射区域内的全体民众免费开放,并争取惠及更多的人。从读书公园的性质出发,它的功能和价值主要体现在以下四个方面:

2.1 阅读推广的新形态

这是读书公园最基本的功能。阅读推广通常以各式各样活动的形态展现,因此,有学者认为阅读推广是以"扩大阅读普及率、改善阅读环境、提高读者阅读数量和质量"为目的,"有规划有策略的社会活动"[11]。举办活动需要一定的空间,因此,"营造富于吸引力的阅读推广空间"也是阅读推广的重要方法和任务[12]。读书公园相比其他的阅读推广空间,面积更广阔,适应性更强,并且可以进行主题区域划分,适应各种阅读推广对象的阅读需求,是一种值得期待的阅读推广新形态。

2.2 书香城市新名片

从城市发展角度来看,读书公园将成为书香城市的新名片。近年来,随着全民阅读战略的持续推进,国内许多城市纷纷提出要将建设"书香城市"作为新的发展目标。2016 年 12 月发布的《全民阅读"十三五"时期发展规划》,是我国首个国家级"全民阅读"规划,阐释了全民阅读工作的指导思想、基本原则、主要目标,并对书香社会建设提出了具体的标准和要求。《规划》明确提出全民阅读和书香社会建设应该坚持政府主导,社会参与,并将"完善全民阅读基础设施和服务体系"作为重点任务之一[13]。可见,在全民阅读和书香社会文化战略中,各级政府责无旁贷。当然,书香城市的建设并非一朝一夕,需要长期坚持并建立相应的保障制度,最终目标是惠及全体国民,提升国民阅读发展水平。但是,书香城市同样也需要有地标性建筑。这对辐射区域内的民众来说,是身为家乡人的骄傲与自信;对于城市来说,是一张能够吸引世界目光的新名片。读书公园就应当成为这样的标志性建筑。通过专业的内容和功能规划,结合一流的园林、建筑设计,让读书公园不仅成为一个满溢书香的地方,同时也可向世界传递城市的核心精神。对地方政府来说,是一项功在当代,利在千秋的工程。

2.3 优秀传统文化的展示平台

在党的十九大报告中,习近平同志指出,要深入挖掘中华优秀传统文化蕴含的思想观念、人文精神、道德规范,结合时代要求继承创新,让中华文化展现出永久魅力和时代风采。那么,如何继承和弘扬优秀传统文化,是一个时代的重要课题。我们常说,中国是一个具有深厚、悠久传统文化的文明古国。中华民族拥有的历史财富足以自傲于世界民族之林,但是,对于这些优秀传统文化的继承不是靠喊口号就能完成的。传统文化的延续,有赖于今天的中国人对历史和民族文化的理解和认同。如何才能产生这种认同?既需要延续的手段,也需要具象的展示。读书公园同时具备了这两方面的功能。阅读,是文化保存和传播的根本途径;阅读文化,是中华优秀传统文化的重要组成部分。以读书和阅读为主题的公园,毫无疑问会成为一个优秀传统文化的展示平台,而且这种展示是具体的,贴近民众生活的,有助于建立民众的文化认同和文化自信。

2.4 多功能、一体化市民活动空间

对于普通民众来说,读书公园最直观的作用就是提供了一个适宜全家出行的活动空间。我国自古就有"书香继世"的传统,对书籍、读书的热爱深入每个中国人的骨髓。以阅读为主题打造的读书公园,满足了民众日益增长的阅读需求,是一件造福于民的

民心工程。读书公园应当按照周边区域民众的实际阅读需求进行设计，争取最大限度地普惠辐射区域内的民众，使之成为老少皆宜，功能多样，具有长期吸引力的市民空间，最终达到激发阅读兴趣、培养阅读习惯、提高阅读水平的目标。

3、读书公园内容规划方法

作为公共基础设施，读书公园主要依靠政府投资，在设计建设时，必须充分考虑社会效益，将其功能和价值发挥到最大化。因此，读书公园的内容规划就显得尤为重要，它既是读书公园建设的基础，同时也是决定其成败的关键。正如学者提出的那样"强烈的个性和突显的特色是主题公园生存发展的基础和保障，品牌是吸引游客和回头客的关键"[14]。读书公园的特色和品牌，是内容规划要解决的核心问题。当前，读书公园还是一个新生事物，国内虽有各种以阅读相关主题兴建的主题公园，但从内容设计和功能实现上与读书公园的要求想去甚远，与此同时，国外也几乎无相关经验可以借鉴。

那么，读书公园的内容规划应当如何入手？需要注意哪些问题？笔者将在回顾我国以阅读相关主题公园发展现状的基础上，以亲身参与的具体案例进行总结说明。

3.1 国内以阅读相关主题兴建的主题公园发展现状

读书公园是阅读推广的一种新形式，同时也具有书香城市地标、阅读文化和传统文化展示平台、市民活动中心等多重功能。

近年来,随着各地政府对文化事业重视程度的不断加强,各地都兴建了大量文化基础设施,其中就包括不少围绕阅读相关主题建设的文化主题公园。较有影响者如山东青岛的国学园、河北沧州以诗经文化为主题打造的瀛洲公园、陕西西安的诗经小镇、河南长垣的论语园、四川农业大学老板山读书公园等。分析国内目前已建成的类似文化主题公园的建设思路,可将其总结为两种类型。一类注重阅读环境的营造,"为喜欢读书的人提供了一个良好的、优雅的户外阅读场所[15]",比如重庆璧山秀湖公园读书台、四川农业大学老板山读书公园、厦门湖里读书公园等。一类则将重点放在中国古代经典著作展示方面,比如青岛国学园"利用书法、石刻、地雕、景墙、雕塑、图案拼铺等形式,将《道德经》《论语》《诗经》《离骚》《菜根谭》《千字文》、唐诗宋词等国学内容表现出来[16]"。瀛洲公园则将"《诗经》经典名句刻柱,'风、雅、颂'以篆体雕刻在路上[17]"。这种形式也是目前国内类似主题公园建设思路的主流。应当说,不论是阅读环境的营造,还是经典内容的展示,都是阅读推广的重要形式,但是仅以此为主题建设的文化公园,与我们前述读书公园的定义对比仍是有较大差距的。前面我们反复强调,读书公园是阅读推广的新形式,是一种立体的推广方式和推广空间。营造阅读环境、展现经典内容,是阅读推广的手段,但仅仅满足于这种简单的形式,并不能体现读书公园在阅读推广形态上的优越性。概言之,读书公园应当成为一个融阅读空间、阅读内容、阅读指导、阅读活动等多位一体的综合平台,其落脚点在于促进阅读,这是读书公园建设的根本思路。因此,国内目前已建成的各类相关的文化主题公园,还不能称之为读书公园,但其经验为读书公园的建设打下了良好的基础。

3.2 东莞松山湖园区沟谷阅读公园项目介绍

松山湖高新技术开发区是东莞市政府近年来着力打造的集"创新、协调、绿色、开放、共享"为一体的高新科技生态园区(以下简称松山湖园区),位于东莞几何中心,坐落于"广深港"黄金走廊腹地。在经济取得飞速发展的同时,园区管委会日益认识到文化建设对园区可持续健康发展的重要作用。自然环境方面,园区现有公共绿地和公园面积广大,环境优美,植被条件良好,具备了文化主题公园建设的条件。因此,在2017年7月,松山湖高新技术开发区管委会与北京大学信息管理系王余光教授签订项目协议,委托王余光教授和东莞图书馆联合组建科研团队,为松山湖园区的文化主题公园建设提供整体思路,并就园区现有公园中条件较为成熟的沟谷公园,围绕"阅读"主题,提出具体的内容规划和功能设计方案。笔者作为项目成员之一,全程参与了本项目的实施,现以沟谷阅读公园内容规划方案为例,介绍读书公园内容设计的一般方法。

3.3 实地和文献调研

对公园实际情况和相关文献的调研,是内容规划的基础。接受委托后,项目组从多个方面展开了调研活动。

(1)实地调研

沟谷公园是松山湖园区现有的一个面积较大的市民公园。实地勘察后发现,该公园东西狭长,植被茂密,水域较为宽阔,两岸的开阔地带较少,岛屿较多,水域和植被可作为自然隔断,划分出较多相对独立的区域,较为适宜展现多层次、综合性的主题。

此外,公园一端入口与东莞著名旅游景点——松山湖,仅有一街之隔,节假日人流量较大。建成后的公园应当考虑借景区的人气,巧妙地将市民从景区吸引到阅读公园。

由于沟谷公园地形狭长,基本属于开放式的市民公园,有较多的入口,其中一个入口直接连通松山湖图书馆。因此,在内容设计时要考虑与图书馆结合,同时各区块反映的主题应当尽量独立,便于市民接受。

(2)文献调研

文献调研包括三方面的内容:其一是国内外类似文化主题公园的设计经验和创意;其二是东莞本地的阅读文化和代表性读书人物,这是最能体现公园区域特色的内容,同时也比较容易得到市民的心理认同;第三是现有阅读推广实践和理论研究成果,比如国内外较为成功的亲子阅读活动;经典推荐书目等,这部分的内容可以提升读书公园主题的深度。

(3)公园服务对象的调研

上文中曾提到,沟谷公园毗邻松山湖景区,可供挖掘的人流量较大,理论上的服务对象包括东莞全体市民以及各地游人。但考虑到时间和交通成本,沟谷公园的主要辐射区是松山湖园区,特别是沟谷公园周边的居民。因此,需要了解周边居民的构成情况,以及其阅读和休闲方面的需求。这部分数据由松山湖园区管委会提供。

3.4 需求分析

沟谷阅读公园的建设主体是松山湖管委会(以下简称"管委会"),服务对象主要是园区居民,两方面的需求都是我们在内容设计时需要考虑的。

从管委会的角度来说,改建现有公园绿地,主要目的是改善园区自然生态环境,提高文化品位,为园区的居民和高新技术企业提供更好的服务。其具体需求包括四个方面:树立"文化自信"、打造"书香松山湖"、弘扬传统文化、提升文化品位。

根据松山湖管委会提供的数据,进入沟谷公园的游人中:55%为周边居民;30%为园区科研人员;15%为各类游客。而对周边居住和工作人群的调查显示,他们对公园的功能需求包括:文化教育、嬉戏玩耍、学习交流、互动娱乐、休闲漫步。

综合两方面的数据反馈,我们认为,沟谷公园目标群体的构成是较为复杂的,公园内容设计需要考虑多方面的需求,既提供一个休闲娱乐、亲子活动的空间,同时也要有一定的深度,起到阅读推广的作用。在设计元素方面,则要体现东莞的特色和优良传统。而沟谷公园较为复杂的地形,能够满足综合性主题的要求,因此,我们建议在沟谷公园原有景观基础上,营造以"悦读"为主题的文化公园。

3.5 设计目标

确定整体规划思路后,下一个步骤就是将其细化为具体的设计目标,将其作为整个内容规划的指导思想。根据需求分析,我们对沟谷悦读公园的建设提出了四个目标。

(1)提供休闲场所

为东莞市民打造一个零距离、易进入、人性化、契合度高,具有亲和力的阅读场域。具体应该做到:标识清晰易寻;与自然环境和谐相处;融入周边环境;主题区域划分清晰;内容明确。

(2)营造阅读氛围

选择适合的主题,以文字、图画、多媒体的形式,立体展现阅读的魅力,并给予读者相应的阅读建议和阅读帮助。具体应该做到:类似的主题园区域相对集中;每个主题内容划分明确;展示方式多样;针对不同的读者群体划分主题区域;根据读者层次提出分层阅读建议。

(3)激发阅读热情

通过公园的建设和使用,激发民众的阅读热情,鼓励民众参与到书香社会建设中来,为打造"人文东莞",提高公民文化素养做出贡献。具体应该做到:在主题公园设计时,突出交互性和参与性的原则,通过设置互动电子设备、亲子游戏区域等,让民众在"逛公园"的同时,还能亲身体验经典阅读、亲子阅读的乐趣,形成受益终身的阅读习惯。

(4)打造城市文化名片

最终设计目标是:将沟谷悦读公园建设成为"家门口的书房",让书香溢满松山湖,让每位公民都能从阅读中获得身心的愉悦,参与经典的传承,打造属于松山湖的文化名片。

3.6 区域内容设计

"悦读"是我们为沟谷公园确定的总主题,这个主题如何展现,需要通过区域内容设计来实现。在设计过程中,同样要考虑地形、地貌和游客需求。如图所示,沟谷公园地形狭长,在区域内容设计之前,我们首先根据实地勘察的结果,将可供利用的地块全部标示出来;然后再根据各地块的位置和地形,以及各类型目标人群的不同阅读需求,确定每个区块的主题;主题明确后,按照主题填充内容。对地形较狭小,植被密集,无法进行主题展示的区块,将其作为连接各分主题区域的道路,在道旁设计一些简单的雕塑、展板,丰富园区的内容。最终,我们自西向东将沟谷公园划分为"四线四岛四区",设计不同的功能或内容板块,满足不同人群的阅读和休闲需要。下面,选择分主题设计时具有代表性的方法加以介绍。

◈ 四区	少儿活动区	家训区	主入口区	阅读指导区
◎ 四线	原有旧石	荷莲桥	通济桥	老水渠
◉ 四岛	茶禅双岛	诗文岛	五伦岛	子衿岛

图1 沟谷阅读公园区域设计规划图

（1）打造标志性建筑

沟谷公园最东端,暨与松山湖景区一街之隔的入口,我们建议将其设置为公园主入口区,并在此建造标志性雕塑。读书公园应当以主题的专业性和深入取胜,那么,为什么还要设计标志性雕塑? 这是因为我们认为,优秀传统文化需要具象的展示。人们虽然普遍认同书籍和读书的价值,但如果能够将其以一种震撼人心的形象,具象地呈现在世人面前,更加容易形成心理认同,即使不爱读书的人,也会受到这种精神力量的感染。当然,如何放大这种精神力量,有赖于雕塑的创意和建筑设计,而结合本地文化,应当是效果非常理想的一种方式。比如我们为沟谷公园主入口广场设计的核心雕塑,主题为"从莞香到书香",建议使用采集莞香的少女形象和读书场景相结合,体现松山湖园区从经济强区向人文强区发展的决心。在核心雕塑的两边设置书墙,分别镌刻国内外最有影响的十本经典著作,紧扣读书的主题。

(2)为各类阅读人群量身定做相关主题

沟谷公园的游客构成较为复杂,我们将主要的目标群体分为三类:有学龄儿童的家庭;情侣;子女已成年的中老年人。

针对情侣,将靠近主入口区的岛屿命名为"子衿岛",该岛为沟谷公园诸岛中面积最大的,且与两岸步道有曲水桥相连,私密性较好。因此,我们选择了"诗词与爱情"的主题,展现诗词中的美好爱情,给民众,特别是青年情侣提供一个休闲、读书的场所。在具体设计时,重点考虑私密性。

针对中老年人,将公园最西端的两个有道路相连的岛屿命名为"禅茶双岛"。在传统文化中,品茗、抚琴、读书、下棋,是最能体现文人雅趣的几个意象。清茗一杯,古书半卷,在袅袅升起的茶香中,静思己身,追求内心的宁静,思考人生的哲理,展现的是历经千帆后的平静和安详。因此,本岛主题为"读书、品茗与静思",设置茶亭、棋盘、运动健身区,满足中老年人读书、静思、休闲之用。

以家庭为单位的读者是我们设计时关注的重点，"家训区""亲子阅读区""阅读指导区""五伦岛""诗文岛"都是以有学龄儿童的家庭为主要目标群体的。其中，"家训区"与"五伦岛"主题相关，集中展现"耕读传家""书香门第"的阅读传统。"亲子阅读区""阅读指导区""诗文双岛"则主要为家庭阅读提供阅读场所和阅读指导。

（3）融入周边自然环境，巧妙利用现有景观

由于沟谷公园是一个已经建成的市民公园，植被生长良好，自然景观优美。在设计时，不应破坏自然环境的和谐，而应充分利用现在已有的各种景观。比如，"诗文岛"以"经典诵读"为主题，我们希望为游客提供一个大声朗读的空间，借鉴了中国传统阅读文化中"熟读成诵"的读书方法。因为诵读要发出声音，如何避免读者之间互相干扰是我们要解决的问题。通过实地勘察，诗文岛植被茂密，已有两颗大榕树充当了天然屏障，恰好可供放置电子屏之用。

再如，将"品茗"作为"禅茶双岛"的主题之一，原因之一是在岛的入口，现有一口水井——"沙井"，周边居民经常前来采水烹茶。因势利导，方显匠心之妙。

（4）紧密结合地方文化和传统

前面说到，读书公园应当成为优秀传统文化的展示平台。我

国幅员辽阔,历史悠久,各地都有大量感人的读书典故和代表性的读书人物,这些都是我国阅读文化的宝贵财富。而且,选择带有地域特征的内容,更加容易拉近游客的心理距离,对树立文化自信,加深对故乡的理解和感情都有重要的作用。在沟谷读书公园内容设计时,我们也将结合地方文化和传统作为了一条基本原则。比如,公园原有一座宋代石桥的遗迹,该石桥原址在东莞南城元美村与胜和村交界处,沟谷公园建成后被搬至此处。广东地区向有农历正月十五晚至十六日"行通济"的民俗活动,将二者结合起来,引导游客参与,有助于形成新民俗。此外,"五伦岛"主题为"乡贤励志",东莞是岭南历史文化名城,古有读书遗风,近代以来,著名学者、藏书家层出不强,是岭南文明的杰出代表。"五伦岛"以东莞书香世家伦氏家族教子读书的事例为展示的主要内容,辅以东莞历史上的著名学者、读书人事迹介绍,一方面可以增强民众的文化认同和归属感,激发对家乡的热爱之情;另一方面也可作为"家训区"的典型案例,加深人们对"书香家风"的认识,并以乡贤为榜样,读书立志,建立读书热情。

(5)体现专业性和阅读推广的深度

相比其他类型的文化主题公园,读书公园应该体现一定的阅读理念,并为读者提供有价值的阅读建议,这是读书公园内容深度和专业性的体现。比如,在"诗文岛",重点引入了"经典诵读"的理念,古人读书讲究"熟读成诵","诵读法"是中国古代阅读方法和理论中发展的较为成熟的一种。今天虽然不提倡人们"皓首穷经",但是适当地记诵一些经典篇章,仍是培养鉴赏力、提升写作水平的一条有效途径。根据研究,在青少年启蒙教育阶段,《唐诗三百首》和《古文观止》是比较适合的诵读范本。因此,"诗文岛"的互动电子屏,以二书为主要内容。在"亲子阅读区"则广泛借鉴了国内外比较成熟的亲子阅读推广活动,如图书漂流、绘本椅等。"阅读指导区"则依托项目组成员多年来的研究成果,从《中外推荐书目100种》《中国读者理想藏书》《中国家庭理想藏书》中选择经典推荐书目。

3.7 内容规划方案的撰写和修改完善

这是整个内容规划的最后一步,前面提到的全部内容,都需要以文字的形式展现出来。在此仅总结两点需要注意之处:首先,内容规划方案完成后,需要提交给建筑设计团队,因此在撰写过程中,应当尽量全面地描述需求和主题,并尽可能多地提供设计元素;其次,对于不便反映在正文中的内容,可以用附录的形式,比如中外经典儿童阅读推广的案例,中外经典推荐书目及提要等,方便建筑设计师全面理解内容规划的思路和要求。

4 读书公园与图书馆

读书公园和图书馆都是公共文化设施,除了均由政府投资,二者似乎并无关联。事实却并非如此,我们认为,图书馆和读书公园至少有以下两方面的关系。

4.1 图书馆为读书公园提供理论和实践的支持

读书公园是阅读推广的新形式，但由于出现的时间很短，还是一种方兴未艾，较为稚嫩的形态，图书馆则不然。近十年来，在中国图书馆学会阅读推广委员会的协调、组织下，各类图书馆已经成为了阅读推广的主力，为全民阅读工作做出了突出的贡献[18]。在不少基层公共图书馆，阅读推广已经成为了核心业务。图书馆界在阅读推广实践和理论研究方面，积累了丰富的经验。在本文中我们反复提到了一个观点，读书公园的建设是否能够成功？关键在于能不能提出具有特色和深度的内容，能不能够传递正确的阅读理念？最终达到激发民众阅读兴趣，提高国民阅读水平，建成书香社会的目标。而做到这一点，需要长时间的研究积累和专业化的人才队伍。图书馆显然满足了这两个条件。因此，也可以说，在可以预见的将来，读书公园将成为城市文化主题公园建设的一个新趋势，而图书馆作为全民阅读战略的核心力量，在功能和内容规划方面责无旁贷。

4.2 图书馆可以积极参与打造"图书馆+读书公园"的城市公共阅读空间

当前，随着我国国民经济的腾飞，各地政府都十分重视文化建设，对图书馆事业的投入也在不断加大。近几年新建的图书馆，不仅馆舍宽敞、设备先进，而且大多同时承担了"城市客厅"[19]"市民文化活动中心"的功能，周边配套完善，广场面积很大。而读书公园和图书馆,在促进全民阅读这一核心价值上是完全一致的。图书馆周边的区域,应当成为图书馆阅读推广空间的物理拓展。从主题角度来说,读书公园是一个不错的选择。善用图书馆周边的公共区域,设计与读书和阅读相关的主题,展开形式丰富多彩的阅读推广活动,引导市民从"公园走向图书馆",是一种可以期待的发展模式。事实上,我国古人在阅读环境营造方面的一些经验,值得我们关注。对于有格调的古代文人来说,清雅的阅读环境不应仅仅止于书斋,而是从书房外部就开始的。明人高濂在《遵生八笺》中这样描绘书房外的景象:

窗外四壁,薜萝满墙,中列松桧盆景,或建兰一二,绕砌种以翠芸草令遍,茂则青葱郁然。旁置洗砚池一,更设盆池,近窗处,蓄金鲫五七头,以观天机活泼。

转入房中,则又是一番别样风光:

斋中长桌一,古砚一,旧古铜水注一,旧窑笔格一,斑竹笔筒一,旧窑笔洗一,糊斗一,水中丞一,铜石镇纸一。左置榻床一,榻下滚脚凳一,床头小几一,上置古铜花尊,或哥窑定瓶一,花时则插花盈瓶,以集香气;闲时置蒲石于上,收朝露以清目。或置鼎炉一,用烧印篆清香。冬置暖砚炉一。壁间挂古琴一,中置几一,如吴中云林几式佳。壁间悬画一。书室中画惟二品,山水为上,花木次之,鸟兽人物不与也。或奉名画山水云霞中神佛像亦可。名贤字幅,以诗句清雅者可共事。……右列书架一,上置《周易古占》《诗经旁注》……此皆山人适志备览,书室中所当置者。画卷……各若干轴,用以充架[20]。

今天,图书馆的先进程度已经远远超出了古人的想象,所藏的文献和信息总量更是远远超过人类历史上曾经创造的所有知识的总和。那么,在阅读环境的营造,公共阅读空间的建设方面,我们更没有理由逊于古人,读书公园,也许可以成为图书馆事业发展的一个新的热点。

（2018年5月）

参考文献：

[1]熊静,何官峰.中国阅读的历史和传统[M].北京:朝华出版社,2017:196-200

[2][3]本土主题公园崛起难掩同质化积弊[EB/OL].经济参考报,2017-11-15.[2018-2-14].http://jjckb.xinhuanet.com/2017-11/15/c_136752860.htm

[4]王英杰,张苏秋.文化符号对城市经济增长影响的实证研究[J].经济与管理研究,2017,38(5):24-33

[5]庄晨辉.城市公园[M].北京:中国林业出版社,2009:5

[6]王余光,汪琴.关于阅读文化研究的几个问题.中国阅读文化史论[M].北京:北京图书馆出版社,2007:5

[7]张岩.从经典阅读到返本开新的文化建设——以深圳图书馆"南书房"经典阅读空间为例[J].图书馆论坛,2016,36(1):61-66

[8]王余光.中国阅读史研究纲要.中国阅读文化史论[M].北京:北京图书馆出版社,2007:149

[9]中国"全民阅读"现状:大家对自己阅读状况也不满[EB/OL].中国新闻网,2016-02-19.[2018-02-11].http://www.china.com.cn/cppcc/2016-02/19/content_37826208_2.htm

[10]王子舟.我国公共阅读空间的兴起与发展[J].图书情报知识,2017(2):4-12

[11]王余光.图书馆阅读推广研究的新进展[J].高校图书馆工作,2015(2):3-6

[12]陈幼华.论阅读推广的概念类型与范畴界定[J].图书馆杂志,2017,36(4):19-24

[13]《全民阅读"十三五"时期发展规划》发布[EB/OL].[2018-02-10].http://www.xinhuanet.com/politics/2016/12/27/c_129421928.htm

[14]杨桂红.文化主题公园整体形象研究及策划(CI)——以南诏大理文化城为例[J].经济问题探索,2003(3):105-109

[15]杨勇.乐山乐水乐读书——走进璧山秀湖公园读书台[N].璧山报,2017-11-08(4)

[16]王涛.先逛国学长廊再赏论语景墙——城阳建成岛城首个国学文化主题公园明年世园会前免费开放[N].青岛早报,2013-11-23(11)

[17]本报记者.诗经文化点亮瀛州公园[N].沧州晚报,2015-10-22(6)

[18]吴晞.十年种木长风烟——纪念中国图书馆学会阅读推广委员会成立十周年[J].高校图书馆工作,2016,36(1):5-6

[19]广州图书馆谋求多元化发展:"城市客厅"功能日渐凸显[EB/OL].[2018-02-12].http://gd.people.com.cn/n2/2017/0105/c123932-29553386.html

[20](明)高濂.遵生八笺[M].兰州:甘肃文化出版社,2004:196-197

经典教育研究与经典阅读推广

王丽丽

1 引言

在西方国家母语教育中,重视经典的力量,指导本国学生大量阅读本国、本民族的经典作品,即"经典教育",是其教育体系的重要历史传统。现代美国经典教育起源于哥伦比亚大学名著讲读课程,此后通过名著运动等推动,逐渐成为美国高等教育的重要组成部分。在我国,自本世纪初以来,清华大学、东南大学、华中科技大学、武汉大学、复旦大学、中山大学等均开展了一系列的经典阅读教育项目。

2 美国经典教育简史

美国的经典教育自1919—1920年哥伦比亚大学的名著讲读课程始,历经20世纪30—50年代的名著运动、1952年芝加哥大学名著课程停办等转折点,最终在20世纪80年代得到复兴。

2.1 经典教育的起源:哥伦比亚大学名著讲读课程

虽然美国人一贯重视习读经典名著,如1865年哈佛大学就开始要求学生阅读现代英语著作,尤其是对莎士比亚戏剧的研读。

但经典教育真正被纳入大学学术体制,却是从哥伦比亚大学约翰·厄斯金教授(John Erskine)1919—1920 年学年开设的名著讲读课程"通识荣誉课程"(General Honors Course)开始的,这也被视为现代美国组织化的经典教育的起源。通识荣誉课程是一门为期两年的本科生研讨课(后来作为哥伦比亚大学核心课程之一的"人文文学"课程即由此发展而来),厄斯金教授为了恢复西方自由教育传统,强调跨学科学习,开具了"西方文明名著"(Classics of Western Civilization)的书单,并要求学生每周读一本(英语翻译版),这份书单中包含的著作大部分是西方文学名著。参与本课程的师生都成为了20世纪30年代名著运动的主要人员。

2.2 经典教育的高潮:20世纪30年代的名著运动

在厄斯金教授的启发下,美国一些大学和学院陆续开设了名著教育课程和相关项目。1929 年,通识荣誉课程的学生(后成为该课程助教)莫蒂默·阿德勒(Mortimer Jerome Adler)离开哥伦比亚大学,加入芝加哥大学,同芝加哥大学校长罗伯特·哈钦斯(Robert Hutchins)一起继续名著课程的教授,并设立哈钦斯学院(Hutchins College)。

与此同时,亚历山大·米克尔约翰(Alexander Meiklejohn)在1923 年尝试实施名著教育计划,虽然当时因未获得足够的经费支持而暂时流产,但最终于1927—1932 年期间在威斯康辛大学校长格林·弗兰克(Glenn Frank)的支持下成功实施了名著教育项目,后来亚历山大．米克尔约翰转入伯克利大学继续开设名著教育课程。

而在名著教育起源的哥伦比亚大学，这项教育活动更是得到了进一步的发展。1937—1938年，哥伦比亚大学著名的核心名著课程之一"人文文学"（Literature Humanities）设立，主要讲授欧陆文学名著；应政府号召于1917年设立的"战争问题课程"（War Issues Course）的，以哲学和社会理论名著为主要讲授内容的核心名著课程的另一组成部分"现代文明"（Contemporary Civilization）也继续实施。以这两门课程为基石的哥伦比亚大学核心课程一直延续至今，影响力巨大。

在弗吉尼亚大学，巴尔（Stringfellow Barr）和布坎南（Scott Buchanan）于1935年创建名为"弗吉尼亚计划"（Virginia Plan）的名著自由教育项目，首次将数学和自然科学的名著加入到经典著作阅读的范围内。同时自1937年起，布坎南和巴尔着力于建立圣约翰学院（St. John College）的名著课程体系，这个课程体系包括西方哲学、宗教、历史、数学、科学和文学等的经典作品的讨论。作为经典教育最为典型的代表，圣约翰学院名著课程体系一直留存至今，本科四年全部以讨论班和导师指导的形式阅读经典著作，每年可读40本左右的著作，并增设了印度、中国、日本等东方经典著作课程。

这些名著教育课程和项目的出现，带动了学生阅读西方名著经典。同时这些课程的建立者与倡导者,如阿德勒、布坎南、哈钦斯等所持的教育理念也有着相同之处,且互相熟识,或为朋友或为同事,从而形成了名著教育的群体网络。在这个网络的指导下,名著运动确立了经典著作的课程设置、内容选择等,更在厄斯金讨论教学的基础上发展了苏格拉底式对话方式(dialectical manner)为核心的小型研讨班教学制和导师制。这一时期的名著开展得轰轰烈烈,涉及的大学、学院范围也较广,堪称经典教育的高峰。

2.3 经典教育在高等教育中的低潮:芝加哥大学名著课程停办

1952年,经典教育转入低潮。首先是1951年哈钦斯从芝加哥大学离职,经典教育课程停办,这意味着经典阅读教育在高等教育中的阶段性失败。而就在次年,由哈钦斯和阿德勒主编的《大英百科名著丛书》出版,在这一丛书中,哈钦斯和阿德勒提出了现代人应该研读经典名著以进行跨时空的对话和交流,1962年,名著基金会(The Great Books Foundation)进一步将经典阅读推广到儿童层面,推出初级名著(Junior Great Books)。经典阅读随之慢慢转向社会,转向中小学。

2.4 经典教育的复兴:派迪亚计划及高校中的名著课程

在经历了近30年的低潮后,经典教育在上个世纪80年代之后得到了复兴。一方面,列奥.施特劳斯(Leo Strauss)学派政治哲学成为华盛顿的官方政治哲学,这一学派的名著阅读方式兴起;另一方面,阿德勒提出了"派迪亚计划"(The Paideia Program),认为每一个学生都需要接受一种能熏陶人性的基本课程和教学方法,推动了儿童经典阅读的发展。

如美国高中阶段都有AP(Advanced Placement)课程,可称为"高水平课程"或者"先修课程"。优秀学生一般都要选AP课程,否则,要想上好的大学,几乎无望。以夏威夷夏娃市(Wahiawa Hawaii)的雷乐华高级中学(Leilehua High School)的"AP英语文学与写作"课程为例,该课程为一学年的课程,需要阅读15个剧本,36部小说。单就数量来说,就已经超过了国内很多英美文学专业本科生的阅读量。从阅读的内容来说,15个剧本中,就有8部欧洲古典戏剧,如索福克勒斯的《俄狄浦斯王》和《安提戈涅》,莎士比亚的《李尔王》《麦克白》《奥赛罗》和《驯悍记》,还有易卜生的《玩偶之家》和《海达. 高布乐》。36部小说中,既有英美古典名著,也有英美现代经典之作。英国小说如狄更斯的《双城记》与《远大前程》、哈代的《德伯家的苔丝》、奥斯丁的《傲慢与偏见》、艾米丽. 勃朗特的《呼啸山庄》、奥威尔的《1984》、郝胥黎的《美丽新世界》等。美国小说则有霍桑的《红字》、麦尔维尔的《白鲸》、马克·吐温的《哈克贝利费恩历险记》、斯坦贝克的《人鼠之间》《愤怒的葡萄》与《珍珠》、肖邦的《觉醒》、普拉斯的《钟形罩》、海明威的《老人与海》、菲茨杰拉德的《了不起的盖茨比》、福克纳的《我弥留之际》与《喧哗与骚动》等等。学生不仅要阅读这些作品,还要通过上课与讨论学习一些文学流派,如古典主义、现实主义、印象主义、超验主义、后现代主义、荒诞派等等。[1]

如果说经典阅读在美国中学阶段属于提高性质的精英教育的话,在大学阶段则属于普及化的通识教育。在高等教育领域,据王晨统计,"目前在美国大约超过40所大学和学院设有各种形式的名著课程或教育项目,包括哥伦比亚大学、芝加哥大学、密歇根大学、圣母大学、波士顿学院、西雅图大学和一些小型学院等。其中圣约翰学院和托马斯. 阿奎那学院等四所学院则提供本科四年的全名著课程"[2]。

3 中国高等教育中的经典阅读教育

自本世纪初,国内的部分学者就先后呼吁、倡导在高等院校教学中加强经典阅读教育。

2003年11月10日—21日,清华大学、东南大学、华中科技大学在首届人文教育高层论坛上发出《关于在高等学校进一步开展文化经典阅读活动的倡议书》:倡议中国高校师生阅读文化经典,提高文化品位。

2005年6月18日到20日,主题为"中国大学的人文教育"首届"中国文化论坛"举办。在此次论坛上,许多学者提出大学人文教育应该改革"概论、原理+通史"的模式,使之转变为研读古今中西原著经典的方式。

2006年4月14日至17日在上海大学举行了"中文学科通识教育改革——中国古代文学教学与研究研讨会",与会专家与学者认为文学学科教学要打通与其他学科的界限,以培养全面发展的人、呼唤教学者对文学原典的回归,强调经典阅读,广泛阅读传统典籍原作等。

武汉大学历史学教授郭齐勇多年来一直提倡经典阅读,他认为不但儿童要阅读一些中国的经典,成人也应适当阅读,至少大学生应当读。他要求所带的博士生必须过经典关,并且把四书、《老子》《庄子》《史记》《汉书》《诗经》《楚辞》等列为武汉大学人文学本科生的必修课。他还建议大家读原著,认为原创的经典有广阔的诠释空间。[3]

2007年7月"全国首届文化素质通识教育核心课程讲习班"在清华大学举办,共招生200余名,开设5门课程,其中4门是经典研读(2门中国经典,2门西方经典),除讲课以外,还开设小班讨论。次年6月,"第二届文化素质通识教育核心课程讲习班"开课,共招生300余名,课程设置同第一届,阅读内容在原先的人文学科之外增加了自然科学、社会科学。

而在复旦大学,早在20世纪80年代就提出培养文理相通的复合型人才,并在2005年成立复旦学院专门做通识教育,下设克卿书院、任重书院、步德书院、腾飞书院等四个书院,开设文史经典、哲学智慧、文明对话、科学精神、生命与生态以及艺术创作与审美等七十余门课程。

在中山大学,2009年由学者甘阳制定的中大通识教育课程计划实施,中大珠海校区近5000名新生重读中国文明、全球视野、科技、经济、社会、人文基础与经典阅读等课程。

4 经典教育与经典阅读推广

在信息发达的当代社会,人们的阅读行为变得被动、随意,缺乏逻辑和系统性。漠视阅读让现代人变得脆弱,心理素质不稳定,语言空洞,沟通能力弱化。这正是现代社会的危机,要改变这个危机,则需要现代人从阅读经典开始,通过阅读经典打破固定的、简单的思考方式,从经典中开拓我们的思考,强化我们的内在感受。[4]

然而,当今的青年学生对经典却越来越疏离。不少学生认为经典意味着守旧、过时,对于现实的价值不大,因为面对考试、升学、就业等压力,青少年中实用主义和功利主义阅读占据的比例越来越大。与此同时,网络的冲击和快节奏的生活方式使得年轻人沉不下心来阅读经典,慢慢地也就丧失了阅读经典的能力,阅读价值观世俗化和物质化。由此导致的不仅仅是个人人文素养的缺失,传统文化的凋敝,更甚者则导致丧失民族自信心。

1991年,《纽约》杂志的电影评论家大卫. 丹比,回到母校选修"现代文明"、"文学人文"两门课程。他在谈到母校坚持开设这类课程的原因时说:"如哥伦比亚中人所熟知的,经典之作的书单常常染上消费主义和平庸品味的色彩,于是他们尽力在这两门课程的设计和教学上避免那样的色彩。首先,选读的内容通常很困难,尤其是对现代的学生而言。这是对西方传统的一剂猛药,受到习俗的尊崇并且(校方坚称)有实质上的需要。这两门课程是人人必修的,其中的意思不言而喻:不管这些十八岁的学生将来从事什么行业,是出人头地还是默默无闻,他们都不能不先接受这番熏陶。课程中所涵盖的作者是构成'西方'的最精彩的一群:他们的书最直接地触及人是什么,又应该是什么。他们应该是每一个人文化修养的一部分。"[5]

对国内图书馆来说,学者对经典教育的奔走呐喊、学校对经典教育的推动不失为经典阅读推广的良机。一方面,图书馆开展经典读物的阅读推广是实施经典教育的必然要求。经典教育可以通过理解经典著作及其所含深意、时代背景等来反思现实社会,而图书馆作为系统收藏经典著作的机构,在推动当代大学生深化阅读经典读物的经典教育浪潮中义不容辞。另一方面,经典教育是图书馆开展阅读推广的重要途径和主要方式。经典教育的实施伴随着经典阅读的开展,人文科学、社会科学、自然科学等领域的经典读物以教材、课程指定读物的形式走进课堂中,引发学生对其的研读。同时,图书馆不断建立经典阅览室、开展经典诵读及征文活动等举措,无疑是回归经典、推广阅读的重要步骤。

(2014年9月)

参考文献:

[1]郝振省. 中国阅读:全民阅读蓝皮书(第二卷)[M]. 北京:中国书籍出版社,2011:366

[2]王晨. 西方经典教育的历史、模式与经验——以美国为中心的考察[J]. 教育学报,2012,8(1):22

[3]化月凡. 对大学人文教育中经典阅读的理论审视[D]. 华中科技大学硕士论文. 2007:19

[4]龚鹏程. 向古人借智慧[M]. 天津:百花文艺出版社. 2004:5

[5](美)大卫. 邓比著,苇杭译.伟大的书:西方经典的当代阅读[M].北京:国际文化出版公司,2006,4

新技术环境下的图书馆新型
阅读服务发展现状探讨
——以北京地区32所图书馆为例

王丽丽

蓬勃发展的现代化信息技术改变了阅读,电脑阅读、手机阅读、电子阅读器阅读、平板电脑阅读等各种新型阅读方式不断涌现,这使得图书馆的服务对象阅读习惯、图书馆的藏书体系、工作内容、服务方式也随之发生了深刻的变化。

1 新型阅读方式及其发展现状

1.1 "势头不减"的互联网阅读

据中国互联网络信息中心2014年1月16日发布的《第33次中国互联网络发展状况统计报告》:截至2013年12月底,中国网民规模达到6.18亿,互联网普及率达到45.8%[1]。互联网的普及使得互联网阅读诞生。广义的互联网阅读指的是借助计算机和互联网平台来获取包括文本在内的多媒体信息和知识集合体、完成超文本阅读的行为。狭义的互联网阅读(电脑阅读)可理解为借助计算机和互联网技术进行的电子化的图书、报纸、期刊的阅读行为。1999–2011年的全国国民阅读调查数据显示[2]，我国国民互联网阅读率迅速增长，由1999年的3.7%增长到2003年的18.4%，再到2005年的27.8%，7年间增长了7.5倍，每年平均增长率为107%；2007年互联网阅读率则大幅攀升至44.9%，比2005年提高了17.1个百分点，基本与当年纸质图书阅读率持平。2008年数字媒介接触率24.5%，2011年上升至38.6%，阅读逐渐向数字化转型。

1.2 "如火如荼"的手机阅读

手机阅读于2006年前后兴起。读者以手机为载体访问WAP站点浏览，通过手机阅读客户端及短信、彩信等阅读。手机阅读根据阅读内容主要分为手机报纸、手机图书、手机杂志。手机报是依托手机媒介，由报纸、移动通信商和网络运营商联手搭建的信息传播平台，用户可通过手机浏览到当天发生的新闻。它的实质是最新电信增值业务与传统媒体相结合的产物[3]。手机报主要分为彩信手机报和WAP网站浏览两种模式。我国目前已开通服务的手机报大多采用的是第一种模式。2004年7月1日，中国第一家手机报——《中国妇女报》正式开通。2008年2月，中国日报社和中国移动共同打造的我国第一份中英文双语手机报——China Daily隆重推出。截止到2013年12月，中国移动推出手机报66份，中国联通推出手机报20份。手机图书有两种表现形式，一是存储在iReader、熊猫读书等移动读书软件的全文或连载的电子图书，二是通过手机浏览器在中国移动手机书城、起点中文网、小说阅读网等网上在线阅读。据《第33次中国互联网络发展状况统计报告》，截止2013年12月底，我国手机网民规模已经达到5亿。[4]手机阅读在人们的生活中占据重要地位。

1.3 "群雄争霸"的电子阅读器阅读

电子阅读器是一种用来浏览电子图书的移动终端设备，又称为电子书阅读器、电纸书、电子书，一般支持TXT、WORD、PDF等多种文件格式。具有体积小、容量大、重量轻、携带方便等特点，被称之为小型的移动图书馆。当前，老牌电子书阅读器Kindle、SonyReader等不断推出新版本，巴诺、惠普、戴尔、富士通、松下等公司相继推出自有品牌的阅读器。在国内，汉王、盛大、清华同方等多家公司试水电子书阅读器行业。据易观国际统计，2010年第4季度中国电子阅读器销量达到31.78万台，环比增长20.10%。2010全年的销量达到106.69万台。2011年下半年由于受平板电脑等的冲击，销量有所减少，但全年销量仍超过100万台。2012年上半年销量一直保持平稳。总体而言，目前电子书阅读器品种繁多，竞争激烈，总体销量平稳。[5]

1.4 "方兴未艾"的平板电脑阅读

2002年秋，比尔·盖茨提出平板电脑的概念，但由于当时硬件技术及操作系统尚不成熟，并未得到业界广泛关注。2010年1月，iPad面世，引发了数字阅读世界的革命性变革。与电子阅读器相比,平板电脑具有多媒体功能,支持图片、视频、文字等各种内容,同时具有多点触摸的类书屏幕、逼真的翻页效果等优势。苹果、联想、索尼、三星、华硕、亚马逊等均有产品推出。由于平板电脑的屏幕与传统纸质图书大小类似,且支持多种媒体阅读等优点,用户使用平板电脑进行电子阅读的行为非常活跃。据2011年艾瑞咨询调查结果,在拥有平板电脑的用户中经常阅读电子小说、电子杂志、电子报纸和电子图书的用户比例均在70%以上。其中,经常和最常阅读电子小说的用户比例最高,分别为82.3%和41.7%[6]。而皮尤2013年的调查显示,大约三分之一或35%的美国成年人(年龄在16周岁以上)拥有一台平板电脑[7]。

2 图书馆阅读服务现状

技术影响阅读,阅读方式的转变使得图书馆阅读服务也随之转变。基于此,笔者选取北京地区24家公共图书馆及8所高校图书馆,对其进行了实地走访,并与部分图书馆(国家图书馆、朝阳区图书馆以及8所高校馆)的相关工作人员进行了访谈,同时获取了其网站介绍以及后台统计数据等,基于北京地区32家图书馆的调研结果,并且结合相关文献,将阅读服务现状总结如下。

2.1 整合数字资源

按照工作流程,整合数字资源可以分为三个层次。第一,替代纸本文献。受时间、空间、文献收藏机构、文献自身特性等限制,同一纸本文献在同一时间内只能提供给一位读者阅览。文献资源数字化的过程可以较好保持原有文字、图像数据，替代纸本文献，同时服务于多人。第二，文献资源数字化功能提升。建立数据库将数字资源集合化，通过全文检索、书名检索等多种方式提升读者获得信息的效率。第三，知识重组。根据用户自身需求，制作不同维度的数据库，满足其直接获取特定知识、资源的需要。调查的24所公共图书馆对数字资源整合的重视度很高，均对馆内资源进行了整合，并提供馆藏资源、特色资源等多种检索方式。

在32所图书馆中，21所图书馆建有或者购买了相关数据库，其中海淀区图书馆、丰台区图书馆、顺义区图书馆等均采用"智慧2000数字图书馆公共检索与查询系统"。同时，各图书馆以各馆专业、特色资源为依据，建设特色数据库，例如各高校馆的文库（如北京师范大学的"京师文库"、中国人民大学的"人大文库"），首都图书馆的"北京记忆"、"北京地方文献报刊索引数据库"，朝阳区图书馆的"法律资料专题数据库"，海淀区图书馆的"装饰艺术数据库"、"旅游文化数据库"，大兴区图书馆的"大兴地方文献—报纸检索库"等。

然而，知识爆炸时代，单个馆的资源数量再丰富、整合程度再高，也难以充分满足读者的需求。馆际资源共享是大势所趋。目前北京地区公共图书馆与高校图书馆均支持以CALIS和BALIS系统为主的馆际互借与文献传递，并建有北京市公共图书馆计算机信息服务网(http://www.bplisn.net.cn/)。2012年3月12日,由位于北京行政区域内的国家图书馆、党校系统图书馆、科研院所图书馆、高等院校图书馆以及医院部队、中小学图书馆和北京市公共图书馆共110余家图书馆自愿联合发起成立的首都图书馆联盟成立[8],进一步提高了图书馆资源共享效率。

2.2创新参考咨询

参考咨询服务是图书馆的一项重要职能。参考咨询馆员在回答读者问题时既可通过传统方式(到馆咨询、电话咨询或者普通邮件沟通),也可通过数字新兴方式(电子邮件咨询、网上表单咨询、IM文字或视频咨询或论坛咨询)。部分图书馆创新性地提出智能机器人咨询、社交网站互动咨询等。调查的公共馆图书馆均提供到馆咨询与电话咨询,提供电子邮件咨询和表单咨询的有9家(国家图书馆、首都图书馆、东城区图书馆、西城区第一图书馆、东城区第二图书馆、朝阳区图书馆、怀柔图书馆、延庆县图书馆、西城区青少年儿童图书馆),提供IM咨询和论坛咨询的10家(国家图书馆、首都图书馆、东城区图书馆、西城区第一图书馆、东城区第二图书馆、朝阳区图书馆、门头沟图书馆、大兴图书馆、怀柔图书馆、石景山少年儿童图书馆)。而高校图书馆除中央民族大学图书馆未提供IM咨询外,其余7所均提供表单咨询与IM咨询,并不断创新性地推出如清华大学图书馆的"小图"等特色参考咨询系统。

2.3 自助化服务

自助服务主要指的是自助打印复印、自助馆藏查询、自助借还书、自助预约研讨室、自助缴纳图书超期罚款等。21 世纪以后，发明于上个世纪四五十年代的射频识别技术 RFID 在图书馆的应用日趋完善。一套完整的利用 RFID 技术的图书馆管理系统主要包括借书站、自动还书箱、馆藏管理系统、分类站、多功能柜台工作站等[9]。目前图书馆主要利用 RFID 技术进行图书自助借还，即其中的自助还书箱功能。读者按照：选择"借书"或者"还书"——读取图书馆读者证件（输入密码）确认——放置图书（不同机器可识别图书数量不同，有的每次仅能放置一本，有的可同时操作多本图书）——打印收据或者直接退出系统的步骤即可完成图书的借阅或归还。同时，部分图书馆开始利用 RFID 技术进行自助图书馆的建设。

目前北京地区已经提供该服务的图书馆有北京大学图书馆、清华大学图书馆、中国人民大学图书馆、北京师范大学图书馆、对外经贸大学图书馆、北京理工大学图书馆、国家图书馆、首都图书馆等。

2.4 移动图书馆

传统意义上的移动图书馆指的是图书馆按照特定地区的需求，采用流动借阅站的形式，将特定图书送到社区、乡镇等，扩大图书馆服务范围的一种形式。手机、电子阅读器等的蓬勃发展为移动图书馆的建立带来了新的机遇。当前学界所说的移动图书馆一般指的是以手机、电子阅读器、平板电脑等各种手持设备为依托,通过成熟稳定的无线网络提供的图书馆服务。国内移动图书馆始于2000年,2005年进入集中发展阶段[10]。由于早期的移动阅读多以手机为阅读终端,故也被命名为手机图书馆,现这一称呼基本被更为全面的移动图书馆取代。通过各种手持设备,读者可以随时随地享受移动图书馆提供的短信提醒服务、新闻速递、书目信息查询、续借、个人信息管理、在线阅读等服务。

(1)移动图书馆的实现方式主要为短信服务、WAP网站和APP三种。2000年至2007年,多以短信服务为主[11]。短信服务是指读者通过手机短信形式使用图书馆相关资源,分为定制型和请求应答型两种,定制型短信读者订阅自己所需信息,图书馆主动推送,如预约图书到馆、催还书等;请求应答型短信由读者主动提交,如读者借阅查询、书目查询、图书续借等。短信服务已较为成熟,读者接受度较高。WAP无线应用协议最早由摩托罗拉等公司提供,旨在将互联网中的丰富信息及先进业务引入到手机、电子阅读器等移动终端之中,运用于移动图书馆的WAP网站服务可以查询馆藏、续借、在线阅读等。相比较于短信服务的简易操作,WAP网站交互功能、信息查询的优势更为明显。移动图书馆APP客户端则更进一步发挥这种优势,即通过登录为某图书馆定制的软件客户端,实现一站式检索图书馆资源、续借、在线阅读、离线阅读等多种功能。除此之外,还出现了如国家图书馆仿真路径导航等高端服务。

（2）资源检索、个人借阅管理功能用户需求度最高。对图书馆而言，怎样才能使手机用户转变成移动图书馆用户，是当前开展移动图书馆工作的主要难题。其中，用户需求调查分析是关键。2007年有学者对南京地区读者手机图书馆服务需求的调查[12]发现查询图书信息、查询个人借阅、续借三项读者需求度最高。而截止到2012年3月9日，北京大学移动图书馆推出后一年内注册用户达14910人，用户搜索9921次，匿名用户搜索2562次，注册用户搜索7359次，用户订阅8841次，用户收藏41次，文献传递47次，查看全文15783次，查看全文成功5756次，查看全文失败1548次。综上，读者使用资源检索（纸质与电子资源）与个人借阅管理（续借、预约、读者证挂失等）较为频繁，是读者最希望移动图书馆具备的功能。

（3）移动图书馆受硬件、操作系统等限制较大。目前推出的移动图书馆多以WAP网页和短信服务为主，支持APP的也多是系统要求较高的智能手机、平板电脑等。以国家图书馆推出的包括移动数字图书馆、短信服务、手机阅读和国图漫游四部分的掌上国图为例，其功能已经相当成熟，但客户端却仅支持Windows Mobile和Symbian系统中的部分型号手机，并不支持用户量庞大的安卓、苹果iOS系统手机及电子阅读器、平板电脑。此外，清华大学图书馆、中国人民大学图书馆的移动图书馆APP也仅支持安卓、苹果系统。

2.5 其他

(1)免费开放无线(Wi-Fi)网络接入服务。2012年1月1日起,西城区图书馆向读者免费开放无线网络接入服务,成为北京市首家实现全馆覆盖无线网络的公共图书馆。2012年3月3日起,国家图书馆取消馆内无线网络互联网接入费及馆内所有读者用机的互联网接入费。据美国图书馆协会发布的《2011年美国图书馆发展现状报告》接近85%的公共图书馆可提供无线网络服务,这其中已经有2/3将无线网络的范围拓展到图书馆以外。[13]

(2)电子阅读器流通服务。《2011年美国图书馆发展现状报告》显示美国公共图书馆中,5%已经提供电子阅读器流通服务,24%正在考虑开展此项服务。[14]而在国内,北京大学图书馆、国家图书馆等已经开展此项服务。2012年3月份北京大学图书馆设置设立苹果产品专区和移动应用专区,提供苹果和其他品牌的各种数字应用设备供师生体验使用。台湾"清华大学"等也开始采取将读者所需图书下载到平板电脑中外借的服务方式。

(3)全方位多途径搭建读者交流平台。除了利用自身资源优势如设置咨询台等,图书馆还运用人人网、豆瓣网以及微博等各种社交网络进行参考咨询、馆务公开、新闻传递、新书通报、阅读指导等。据《2011年美国图书馆发展现状报告》,在一个由图书馆管理者、馆员和其他工作人员参与的调查中,超过九成的受访者认为Web2.0工具在宣传和推广图书馆服务方面发挥了重要作用。其中，社交网络和博客是最流行的两个应用。[15]在这方面清华大学图书馆作了比较突出的尝试，清华大学图书馆先后在人人网建立了第一个图书馆俱乐部——清华大学图书馆书友会，开通新浪微博，发布图书馆最新讲座等动态消息、分享读书感受等。公共馆在这方面也做出了一定的积极探索，如首都图书馆建有豆瓣小站

（4）数字互动长廊、触控导览、实景3D阅览等。2012年5月16日斥资20亿、施建8年的台中图书馆开始试运营。台中图书馆首次设置有数字互动长廊，读者在一定区域感应读书证，长廊会根据其借阅记录推荐一本Lucky Book，建议今天可读的图书。同时，在馆内设有触控导览，读者可随时获得所处之地、目的地的信息。3D阅览将平面化的图书内容通过一定的设备以3D形式展现。

通过相关文献介绍及实地访谈，笔者发现当前图书馆对阅读服务的力度与广度均在不断提高，但总体实施效果低于预期。就目前北京地区提供的阅读服务来说，具有以下两个显著特点：

第一，阅读服务手段和服务内容多样化，主要归结为：内容的整合与数字化；方式的自助与虚拟化；结果的移动与多平台（表1）。从馆藏建设，到完善实体服务方式，到构建移动图书馆，新型阅读服务方式多样。

表1 新技术下的图书馆新型阅读服务一览表

类别	具体工作
内容的整合与数字化	整合馆藏资源、数字化馆藏资源、统一检索(OPAC)、文献传递等资源保障体系、搜索引擎
方式的自助与虚拟化	虚拟参考咨询、自助借还书、24小时自助图书馆、自助打印复印机、信息共享空间
结果的移动与多平台	手机短信通知、"掌上图书馆";电子书阅读器(Kindle、汉王);平板电脑;在线阅读;社交网站(如人人网、豆瓣、微博等)

第二,北京地区高校图书馆阅读服务的力度较高,提供的服务种类更加多元化;公共图书馆(除国家图书馆)尤其是中小型公共图书馆尚有较大的发展空间。

3 存在的困惑与问题

阅读方式的变化使得图书馆进行了整合数字资源、创新参考咨询、凸显自助服务、建设移动图书馆等多方面的努力,在这个过程中一些新的问题产生。

3.1 技术本身存在缺陷

技术既具有积极的一面,也具有如硬件依赖度高、赢利模式尚不成熟等消极的一面。

(1)从内容处理的技术层次来说,不同于传统纸质书刊形式的统一性,各个图书馆数字化进程中采用的数据存储格式不同,各自采用的加工方式、加密保护也不同,"各自为营"现象较为突出。而购买的数据库由于只是购买了其使用权,技术运营、内容加工等仍由数字技术公司负责,各个数据库标准不统一、平台不一致,没有通用的接口供读者访问,图书馆处于被动地位。而这合起来使得文献资源共享的基础并不稳定,馆际之间的文献交流、馆际互借由于技术的限制无法达到预期效果。

(2)从数据传输的技术层次来说,当今图书馆提供的数据传输方式多样,在传输过程中要保证文献信息安全则对技术要求较高。黄水清学者认为信息安全应包括"信息的保密性"、"信息的完整性"和"信息的可用性"[16],即保障信息仅仅为那些被授权使用的人获取,保护信息及其处理方法的准确性和完整性,保障授权使用人在需要时可以获取信息和使用相关的资产。相关的如数据加密、数字水印、身份认证、访问控制、反病毒、防火墙、虚拟存储、互联技术等尚需更加完善。

(3)从图书馆数字阅读等终端来说,各个阅读终端、设备自身存在诸如品牌庞杂、操作系统各异、屏幕大小、分辨率不一致、耗电等技术难题。当前的实时咨询、移动图书馆等支持的硬件系统较有限。而据读者访谈结果,移动设备的限制是影响其是否选择使用图书馆提供的阅读服务的一个重要因素。

3.2 费用要求较高

适应读者需求变化,提供阅读服务,对图书馆来说费用的要求较高。一方面,纸质资源与数字资源的采购存在竞合的关系;

另一方面,采购自助打印复印机、建设移动图书馆等各项服务对经费要求也越来越高。

而对读者来说,适应现当代技术转变也需要花费一定的费用,如购买相应硬件设备、上网流量费用等,对于支付能力有限的读者来说,这是其开展数字阅读,接受图书馆新型阅读服务的重要限制因素。

3.3 阅读服务推广效果有限,用户认知度低

服务的推广效果会直接影响到读者对相关信息的获取,而对信息的获取影响着读者是否使用该项服务。

笔者将32所图书馆推广其阅读服务方式归纳为五类:①在图书馆网站主页的新闻公告栏里进行信息宣传,这是目前应用最为广泛的一种,如中国人民大学图书馆的短信通知服务新闻,此类新闻易引起读者注意,但时效性较短;②在图书馆网站读者服务等栏目下设置相关服务的链接,如读者在进行续借、预约等过程中才知晓移动图书馆相关信息的介绍,此种方式传播广度较低;③图书馆网站没有找到相关新阅读服务的信息,或者仅能通过"常见问题"、"联系我们"等获得,对这些图书馆相关业务的信息搜集主要通过搜索引擎和相关文献;④在图书馆网站设置专门的一级栏目,如清华大学的lab新体验等,便于读者快捷使用各种新型服务,此种方式效果较好,但目前应用不普遍;⑤利用社交网络、微博等新媒体进行宣传推广。

调查发现,目前图书馆用户对电子资源的认知度大大提高,对图书馆提供电子资源表示比较满意,但目前图书馆对其服务的介绍和推广还很不够。公共图书馆中,除首都图书馆、朝阳区图书馆外,其余20多家区县图书馆网站导航能力相对欠缺。而对读者的调查结果也与之相吻合,相当一部分的读者表示并不了解图书馆已经开展自助复印、短信通知等新服务,接受访问的读者大多希望图书馆能更加积极地作一些宣传介绍。例如清华大学图书馆推出的智能聊天机器人、人人网"清华大学图书馆"俱乐部、电子期刊RSS订阅、Thulibcookies、图书馆工具条、个性化主页等多项服务,除前两项外,其余使用用户数量相对较少。从微博等新媒体的使用角度来看,尽管图书馆已经意识到新媒体的势不可挡及其优势,但仍存在粉丝数量少、发布内容有限、更新频率低等局限。

3.4 服务能力与服务开展的不匹配

阅读服务的开展对馆员素质提出了更高要求。以电子阅读器应用于图书馆借阅服务为例,相关部门的馆员没有熟练地掌握电子阅读器的使用方法或者不能解决出现的基本故障,将直接影响读者获取所需信息资源的质量与效率。

通过调查,笔者发现在整合数字资源、提供统一检索等多种检索方式、进行馆际文献资源共享方面,馆员服务能力均较高;在提供多种方式的参考咨询方面,馆员尚需进一步做好数字信息资源的参考咨询服务,熟练应用如IM等通讯工具全方位提供相关资讯;在自助服务方面,对馆员要求并不是很高,读者遇到问题一般能迅速得到解决;而在构建移动式图书馆方面,技术部门要进一步开发适应各种移动终端的相应服务,业务部门馆员尚需增加对其基本操作、原理、功能等的认知。

4 小结

进入21世纪以来,超大型的数据库、无限的超级链接、移动式阅读、即时即地的资讯,这一切,促成了知识爆炸。阅读从原有图书的线性化进入网络网格化,以不同技术为支撑的互联网阅读、手机阅读、电子阅读器阅读、平板电脑阅读应运而生。图书馆根据读者阅读变化开展了系列阅读服务:整合数字资源、创新参考咨询服务、注重提供自助服务、建设移动图书馆、提供免费Wi-Fi与电子阅读器等。不尽如人意的是这些服务实施效果并未达到预期,遇到了以下问题:1技术具有内容处理层次的数据存储格式不同、标准不统一等缺陷。2费用是制约图书馆开展阅读服务的瓶颈。3阅读服务的推广效果有限,读者认知度仍有提高的空间等。4馆员能力不能完全满足新型阅读服务的要求。

图书馆应继续坚持以读者为导向,充分利用先进技术,通过自建、馆际共享、利用互联网资源、鼓励读者共建等进行馆藏资源建设,通过自助借还书、虚拟参考咨询、学习平台等推动阅读服务,打造自助化、移动化、社区化、泛在化图书馆。

（2014年6月）

参考文献:

[1][4]中国互联网络信息中心.第33次中国互联网络发展状况统计报告[OL]. [2014-02-15].http: / www.cnnic.net.cn/hlwfzyj/hlwxzbg/hlwtjbg/201403/t20140305_46240.htm

[2]中国出版科学研究所全国国民阅读调查课题组. 全国国民阅读调查报告[M]. 北京:中国书籍出版社, 2011

[3]温晓明.手机报发展面临的困境[J].东南传播,2007(7) : 82

[5]易观国际. 易观数据: 2012Q2中国电子阅读器销量为29.3万台［OL］.［2014-02-15］.http: //data.eguan.cn /yidonghulian_140868.html

[6]艾瑞咨询.2011年中国网民平板电脑用户调研报告(二)[OL].［2014-02 - 15］. http: / /wireless. iresearch. cn /88 /20111014 /152892.shtml

[7]皮尤. 皮尤:调查显示43% 美国人拥有平板电脑或电子书[OL]. [2014-02-15].http://data.eguan.cn /yidonghulian_177457.html

[8]新华网. 首都图书馆联盟成立方便读者通借通还[OL]. [2012 - 03 - 13]. http://news. xinhuanet. com / book /2012-03 / 13 / c_122826197.htm

[9]陈雁,徐双培.基于汇文系统的RFID智能管理系统的应用[J]. 教育理论与实践,2011(12) : 9-11

[10][11]宋恩梅,袁琳.移动的书海: 国内移动图书馆现状及发

展趋势[J]. 中国图书馆学报,2010(5) : 34-48

[12]茆意宏,武立斌,黄水清.图书馆手机服务系统的建设:需求调查与分析——以南京地区图书馆为例[J]. 图书馆工作与研究,2008(12) : 55-58

[13][14][15]美国图书馆协会.2011 年美国图书馆发展现状报告[R]. 芝加哥:美国图书馆协会,2011

[16]黄水清. 数字图书馆信息安全管理[M]. 南京:南京大学出版社,2011: 13

图书馆跨媒介阅读推广模式探析

——以中国人民大学图书馆微服务为例

王　玮　王丽丽

随着时代的发展,读者的需求发生了新的变化。读者对信息服务的需要从信息内容延伸到信息获取方式,从原来的由"量"到"质",深入到了由"质"到"悦",即:读者不仅要求图书馆能够准确地提供自己所需要的信息内容,更需要在信息获取的过程中获得一种愉悦的心理体验。在现代信息和移动通信技术的推动下,门户网站、微信、微博、微刊、数字电视、电子杂志等新媒体诞生,形成了以网络技术、移动通信技术和多媒体信息技术为支撑的新媒介环境。新媒介环境的出现不仅意味着读者信息接收途径的多元化,也意味着读者阅读方式的多样化,这也对图书馆进一步开展阅读推广提出了新的要求。在这样一种读者需求变化和图书馆媒介环境发生变化的时代背景下,本文通过分析不同媒体的信息传播特点以及读者信息接收的偏好,以中国人民大学图书馆微服务为例,探析图书馆跨媒介阅读推广的新模式。

1 图书馆的媒介环境

图书馆的媒介环境的载体主要有实体媒体、虚拟媒体和空间媒体三大类。实体媒体主要包括书籍、报刊、影视光盘、磁带、录像带等,这类实体媒介构成了图书馆的传统媒介环境。虚拟媒体主要指一些数字化媒体,例如:万维网、数字电视、多媒体视频、电子杂志、网络论坛、网络IM、移动通信技术、微信、微博、博客等,这类虚拟媒介则构成了图书馆的新媒介环境。从物理空间上来分析图书馆的传统媒介与新媒介,可以发现传统媒介对物理具有吸引性和递增性,而新媒介则对物理空间具有排斥性和消减性。据此,本文给出一个判断图书馆传统媒体与新媒体的标准,即:是否对物理空间存在消减性,如果这种媒体的存在需要图书馆提供大量的物理空间则为传统媒体,反之则为新媒体。处于传统媒体和新媒体之间的是另外第三类媒体,即:空间媒体。由于新媒体对知识的承载逐渐取代传统媒体,图书馆的物理空间出现富余,逐渐形成全新的学习空间、IC空间等,构成了图书馆空间媒介环境。传统媒介环境、新媒介环境以及空间媒介环境构成了现代图书馆的媒介环境,不同的媒介环境下的阅读推广模式都各有不同,只有在图书馆不同类型的媒介环境下,探索与之相匹配的阅读推广模式,才能够保证图书馆阅读推广的效果。

2 图书馆阅读推广的发展

图书馆阅读推广的发展与图书馆媒介环境的变化有着密切的关系。随着图书馆媒介环境的多元化,图书馆的阅读推广方式也日益丰富。

2.1 传统媒介环境下的阅读推广

传统媒介环境下的阅读推广主要是指基于实体媒体的阅读推广方式，主要包括推荐书目、导读文章、书评书摘、图书漂流、海报和宣传册推广等等。例如2012年北京大学图书馆秋季迎新推荐书目，从"认识北大、热爱北大"、"游目书林、学海骋怀"、"走近大师、提升素养"、"延伸阅读、知识无涯"等四个版块向广大新生推荐了《巍巍上庠百年星辰——名人与北大》《未央歌》《经典常谈》《中国读者理想藏书》等近40部著作。又如每年"4.23世界读书日"前后，各个图书馆均会针对本馆馆藏及服务对象的特点，制作相应的海报和宣传手册，并开展如图书漂流等活动。这些传统形式的阅读推广活动由于开展时间较长，实施模式已经较为成熟，已经取得了一定的相对稳定的影响力和效果，但随着读者阅读需求的变化和新媒介形式的出现，一些新的阅读推广方法和活动产生。

2.2 新媒介环境下的阅读推广

新媒介环境下的阅读推广主要基于门户网页、微信、微博、电子杂志、手机等虚拟的媒介来实施。如"将联机公共目录查询系统（OPAC）升级换代，加入Web2.0的技术和理念，以交互功能强大的OPAC2.0引导读者阅读馆藏"[1]。谢蓉、张丽认为，图书馆要想继续保持阅读大本营的地位，就必须运用阅读2.0模式进行阅读推广,做到与读者互动、与"豆瓣"双向互检、海量信息的整合及一键搜索、众多Web2.0工具的混搭(如RSS实时推送、融入Blog、Facebook、Twitter等社会性网络服务、掌上图书馆等),发挥区域图书馆共享优势[2]。基于移动图书馆的阅读引导模式,如中国国家图书馆的"掌上人图",清华大学图书馆的官方微博以及清华大学图书馆、北京大学图书馆、中国人民大学图书馆等在内的微信图书馆,即:将微信公众服务号与移动图书馆相融合,读者不仅可以通过微信获取海量的移动图书馆资源,同时可以通过微信朋友圈等第一时间分享给自己的朋友,开拓了新媒介阅读推广的新方式。"联合协作阅读引导模式,这种模式是采用计算机和通讯技术,加强区域内各信息机构的合作协调,将区域内分散的信息资源加以集中和共享,在提供读者所需的阅读内容的同时,通过网络推荐、网络信息通报等方式,加强对读者的阅读引导"[3]。

2.3 空间媒介环境下的阅读推广

空间媒介环境下的阅读推广则基于空间媒体。对国内目前的阅读推广活动而言,空间媒介环境下的阅读推广是一个全新的领域,很多阅读推广创新都来自于此。主要有利用图书馆的空间开展讲故事、讲座沙龙、阅读疗法、技术体验、读书会、知识竞赛、立体阅读等。如2008年起,河北沧州市图书馆在中小学中开展了设立经典图书荐读示范点活动,通过与教育主管部门合作,在该市运河小学和路华小学设立经典图书荐读活动示范点,为每个示范点配送了60部精心挑选的优秀图书,鼓励孩子们阅读经典。为激发学生们的读书热情,指导他们养成良好的阅读习惯,还开展了文学经典亲子共读活动,通过填写亲子阅读卡的方式,让孩子和家长共同体验阅读的乐趣[4]。如2013年底深圳图书馆开辟的"扬经典阅读之风,弘优秀文化之善"的阅读空间——南书房,该阅览室收藏有《钦定四库全书荟要》《丛书集成初编》、"国家图书馆文津图书奖"获奖图书、茅盾文学奖获奖图书等6000余册中外经典图书,通过早7点到晚11点的开馆时间及刷卡自由进入的管理模式,专门开辟全新的阅读空间,且从阅读内容、阅读时间、阅读门槛等方面加以保障,供社会各个群体的读者进行阅读。

3 微服务跨媒介阅读推广模式

20世纪原创理论家马歇尔·麦克卢认为媒介塑造信息内容:"媒介即信息。"[5]伊尼斯则认为媒介具有偏好性,媒介在时间和空间上对社会组织产生决定性的影响,传播媒介及其传播过程都具有偏向性[6]。媒介形式影响并决定着媒介传播的内容以及信息使用者的偏好。不同媒介环境下的阅读推广侧重也各有不同,通过分析图书馆媒介环境并寻求到与此种媒体相适应的阅读推广内容,能够更有效地开展阅读推广。

通过借鉴麦克卢汉和伊尼斯的媒介理论,中国人民大学图书馆微服务形成了一种全新的基于图书馆多元化媒介环境的跨媒介阅读推广模式。微服务跨媒介阅读模式不局限于某一种媒介环境,而是通过对图书馆媒介环境的把握以及对三种媒体的优势整合,进而实现最佳的图书馆阅读推广效果。

3.1 建立多媒介阅读推广宣传平台

根据图书馆的传统媒介环境、新媒介环境和空间媒介环境,微服务搭建了从实体媒体、虚拟媒体到空间媒体的立体式阅读推广宣传推广平台。

第一,在传统媒介环境下,重视实体媒介的作用,接纳并积累了来自毕业生的赠书等纸本书籍,同时充分利用图书馆大厅的空间,布置展柜和宣传海报等,为以纸本书籍为主的实体媒介提供了对外展示的平台。除此之外,在数字资源共享区等新媒介环境中添加了纸本的工具书,为读者进行跨媒介查阅提供了基础。同时与校报等校内传统媒介开展合作,搭建了校内实体媒体宣传平台。例如:人大校报、人大新闻学院的新闻周报等都对阅读推广具有很好地促进作用。

第二,在新媒介环境下,实时跟进新媒体的发展,借助各种多媒体信息技术,建立了8个虚拟媒体宣传平台,为阅读推广提供了覆盖面更广且更时尚的宣传平台。8个微服务平台包括:图书馆微博、图书馆微信公众平台、品知人大"图书馆IC空间"、"悦"读多媒体社交网络、"悦"读多媒体电子杂志、人图树洞(阅读体验分享)、图书馆新主页微服务栏目、基于手机与iPad等移动终端的二维码存储等。

第三,在空间媒介环境下,充分利用图书馆的空间资源,搭建了文化共享空间,邀请学生社团进行文化分享,创新阅读推广工作的内容,营造出了一种内容更加生动且深刻的"全民阅读"体验。以文化分享活动以及观影活动推动全民阅读工作是我们的工作亮点与创新。在活动中我们会向读者推荐一些具有文化底蕴与知识内涵的影视资源,并且邀请相关的社会知名人士进行点评。

3.2 微服务跨媒介阅读推广活动

第一,以实体媒体为主的阅读推广活动。在4月"世界读书日"及图书馆"阅读宣传月"活动期间,为唤起人民大学师生的读书意识,营造浓郁的读书氛围,中国人民大学图书馆先后两次开展了以"感悟阅读之美,分享友爱和知识"为主题的"学友书架图书漂流"活动。在阅读推广活动的宣传上,通过微信、微博、社交网络、图书馆主页等虚拟媒体对阅读推广活动进行全方位的宣传,整个阅读推广活动在图书馆大厅举行,位置显目,让读者一目了然,充分利用了图书馆的空间媒体,共放漂图书3000余册,活动得到了学校师生的积极参与和认可。除此之外还举办了"书香两岸"等书展,并且设置留言板,也很好地促进了读者阅读的热情。校内的报纸媒体也对活动进行了报道,让更多的读者感受到了阅读带给人的充实感与喜悦感。

第二,以虚拟媒体为主的阅读推广活动。通过举办"微服务·

书生活"微电影大赛,征集到了25个图书馆主题相关的微电影,这些微电影各有特色,但都有一个共同点,那就是对知识的热爱与对阅读的渴望,其中一部作品《一日人图》更是将自己的生活与图书馆的一天相融合,不仅在图书馆中静心阅读,更将阅读当做自己的大学生活的特殊方式去体验,在生活中阅读,在阅读中生活。不仅如此,通过微电影对图书馆功能布局的展示,提升了读者"爱上图书馆"的内心感情。通过微视频的展播,提升了读者的阅读体验,同时给读者形成全新的生活方式与阅读理念,即:书生活,将"阅读推广"升华为"悦"读推广,最后将"悦"读、书和生活三者融合,形成"微服务·书生活"的生活方式。除此之外,还专门制作了8期"悦"读多媒体电子杂志。在杂志中,充分应用各种多媒体元素,用色彩鲜艳的手绘图书馆作为电子杂志的封面,同时在其中嵌入悦耳动听的背景音乐,细致地向读者展示图书馆的特色馆藏资源、空间服务、以及与"阅读"相关的趣闻趣事,引导读者发现原来"阅读"也是一种时尚和快乐的生活方式,进而对阅读产生兴趣,更好地推进全民阅读工作。

第三,以空间媒体为主的阅读推广活动。基于空间媒体,开展文化分享活动以及观影活动是微服务阅读推广的一个特色。通过推荐影视资源与专家点评的形式,专家面对面地为读者推荐阅读书籍,激发读者的求知欲,进而让读者通过阅读来更加深入的了解影视资源中涉及到的文化因子。参与每场观影活动的老师都会推荐与影片涉及到的相关文化的阅读书目。例如：在中国人民大学图书馆多功能厅举办的"微课堂——文化冲击力：中国印象"主题系列活动，通过观影、交流和互动的形式，与读者一同领略中国文化的灿烂与魅力。而5期的观影活动涉及到大量中华传统文化相关的影视资源，通过这种直观且丰富的观影活动形式，图书馆能激发读者进一步阅读并且了解相关知识的兴趣，从而实现全民阅读的理想效果。迄今为止，利用图书馆的文化共享空闲，中国人民大学图书馆已经开展了71场微服务活动，积极推动引导读者爱上阅读、享受经典。

4　结语

图书馆媒介环境正在发生着变化，伴随这种变化，读者的阅读需求也正在不断改变。由于图书馆媒介环境的日益丰富，读者对信息服务的需要从信息内容延伸到信息获取方式，深入到了"悦"，阅读推广工作也需要逐渐适应读者新的需要，完成从"阅读"推广到"悦读"推广的转变。从读者体验的角度打通不同媒介环境之间的隔阂，整合实体、虚体、空间三种媒体的推介优势，实现跨媒介"悦读"推广，这必将能进一步促进图书馆阅读推广的创新与发展。

（2014年12月）

参考文献:

[1] [3]裴永刚.新媒体时代图书馆的阅读引导模式探讨[J].图书馆学研究,2012(9):87-89

[2]谢蓉,张丽.阅读2.0:新一代的图书馆阅读推广[J].大学图书馆学报,2009(6):16-20

[4]杨培颖.引领少年儿童经典阅读的实践与思考——以沧州市图书馆为例[J].图书馆工作与研究,2012(1):106-109

[5] (加)马歇尔·麦克卢汉著,何道宽译.理解媒介:论人的延伸[M].北京:商务印书馆,2003:33

[6] (加)哈罗德·伊尼斯著,何道宽译.传播的偏向[M].中国人民大学出版社,2003: 9

从绘本推广到阅读推广

——我国绘本阅读推广的理论建设探讨

王 玮

绘本早在20世纪80年代就开始进入我国儿童文学界和出版界人士的视野,不过国外绘本的引进出版还是要到20世纪90年代。进入21世纪,绘本开始成为儿童文学领域的重要研究课题,绘本市场也逐渐由冷转热,越来越多的引进版绘本不断刷新销售纪录,成为童书出版领域争抢的"最后一块蛋糕"。伴随着绘本理论知识的普及和绘本出版的发展,与绘本、绘本阅读、阅读推广相关的各类学术研究、公益活动和商业活动开始蓬勃发展,涌现了一批又一批来自各个领域的绘本阅读推广人,全社会也逐步形成了绘本阅读推广多元主体、合作发展的态势。各种形式的绘本阅读推广活动取得了很大的成绩,也开始暴露一些问题。对此,我们需要静下心来,对绘本阅读推广的基本问题进行深入思考和梳理,推动绘本阅读推广理论建设,促进绘本阅读推广的健康良性发展。

一、绘本阅读推广的定义和范围

1.绘本阅读推广的定义

绘本阅读推广含有三个关键词:绘本、阅读和推广。虽然这三个词语本身含义清晰,然而它们组合后的含义却有些含混。可以明确的是,绘本阅读推广重在推广,指的是一种推广行为。然而,推广的却可以是绘本,也可以是阅读(对绘本的阅读)。绘本与绘本阅读两者紧密相连不可分割,因为绘本就是用来读的,没有绘本哪来绘本阅读? 推广了绘本,使读者对绘本产生兴趣,他们自然就会去阅读绘本,而大力推广阅读,尤其是推广读者对绘本的阅读,自然也会促进绘本自身的发展。因此,我们可以给绘本阅读推广下这样一个定义:绘本阅读推广是指各种形式对绘本或其阅读行为的推广。

2.绘本阅读推广的范围

推广是指一种行为,同时兼指以推广为目的的行为或产生了推广结果的行为。前者是有意识的行为,后者是无意识的结果。绘本阅读推广既包括在行动之初就有意识要推广绘本或绘本阅读的行为,又包括那些事实上产生了推广绘本或绘本阅读结果的无意识行为。

为促进绘本销售的绘本出版机构或靠绘本租借营利的绘本馆的绘本阅读推广行为,主要是有推广意识的行为;为推动儿童阅读、践行图书馆使命的公共图书馆的绘本阅读推广行为,也是有推广意识的行为。当然,也有很多绘本阅读推广行为掺杂着有意识和无意识，或完全是无意识的。比如，早期研究绘本的儿童文学界、教育界人士，一开始他们只是在学术层面发表自己的研究成果，对这种研究能否起到影响社会，能否起到推广绘本或绘本阅读的作用没有过多考虑，但这种学术研究本身对绘本出版和绘本推广确实起到十分重要的作用。

当学术界和出版界开始意识到理论界的绘本研究能产生推广效果之后，他们开始迅速行动。一方面出版界把学术界人士纳入自己的绘本阅读推广资源，共同进行绘本阅读推广；另一方面，学术界人士自身也开始主动参与绘本阅读推广。举例来说，2006年，彭懿的《图画书：阅读与经典》出版之后，两年时间他在全国举办了100多场演讲。对此，《中华读书报》曾发表《一个人一本书和114场演讲》[1]一文。此外，还有很多热爱阅读、喜欢绘本的年轻父母，他们在论坛、博客、微博或微信上分享自己的亲子阅读体验，他们是没有太多目的性的，但这种行为的结果对绘本及其阅读起到很好的推广作用。不过，一旦其中某些人慢慢积累起人气，具备了影响力，他们的分享行为便有了商业价值，原先无意识的绘本阅读推广行为会逐渐转变为有意识的绘本阅读推广行为。

二、绘本阅读推广的阶段性

我国绘本阅读推广的发展历史，大体来说可分为三个不同的发展阶段，即从绘本推广发展到出版推广，继而向阅读推广的方向发展。在整个出版界还未普遍将绘本看作童书出版市场的重要板块来经营之前,某些早期接触国外绘本的儿童文学界和童书出版界人士就已经在不同层面进行了绘本宣传和推广工作,这就是绘本推广阶段,其主要功能是培育整个社会对绘本这类儿童读物的认识,为绘本出版和实现销售创造条件。待绘本市场逐步发展成熟,出版绘本就从"赔钱"进入到"收获"的阶段,越来越多的出版机构投身到绘本出版和阅读推广的大潮中,出版界成为绘本阅读推广的主导型力量,这就是出版推广阶段。在绘本出版已经相当成熟,绘本产品足够丰富以后,"造绘本"已经不是首要任务,绘本阅读推广的重点要从出版层面过渡到阅读层面,进入阅读推广阶段。这一时期绘本阅读推广的主体逐渐过渡到公共图书馆、绘本馆、学校和其他阅读推广机构。

需要说明的是,这三个阶段的划分只是表明不同历史阶段下,绘本阅读推广工作突出的不同侧重点,并不是说阅读推广阶段就完全没有绘本推广和出版推广了,只是说在阅读推广阶段,绘本推广和出版推广已不占据主导地位。

三、绘本阅读推广的不同目标指向

绘本阅读推广离不开绘本,对绘本的认识和理解可以有不同的角度,因此,绘本阅读推广可以有三种不同的目标指向:内容指向、产品指向和消费指向。

1. 内容指向

内容指向的绘本阅读推广,侧重于从绘本的内容角度解读和推广绘本,认为绘本是图画与文字相结合的一种综合性艺术形式,是文学与艺术的融合。虽然社会上对图画和文字孰轻孰重存在不同的说法,但大家都认可图画、文字和故事是绘本的灵魂。美国插画家尤里·舒尔维兹认为:一本真正的图画书,主要或全部用图画讲故事。在需要文字的场合,文字只起辅助作用。只有当图画无法表现时,才需要用文字来讲述。"[2]当然,儿童文学理论界更偏向于强调绘本的文学性。朱自强教授说:"图画书是从文学的插图发展起来的,天生具有表现文学世界的功能和属性。绝大多数图画书都有一个故事。在这样的图画书中,'故事'是高高在上的灵魂,统领着文字和图画,因此,图画书的功能指向是'文学'。即使是《雪人》(雷蒙·布力格)、《雨伞》(太田大八)、《流浪狗之歌》(嘉贝丽·文生)这样的经典无字图画书,也是没有先在的故事,就没有那些图画。"[3]

内容指向的绘本阅读推广以儿童文学理论界为主要代表。目前国内外儿童文学理论界普遍把绘本纳入儿童文学研究体系。国内儿童文学理论界不少专家都出版了有关绘本的专著,彭懿编著《图画书:阅读与经典》、陈晖著《图画书的讲读艺术》、朱自强著《亲近图画书》、方卫平著《享受图画书:图画书的艺术与鉴赏》等。2001年,新蕾出版社出版《中国儿童文学5人谈》,邀请中国儿童文学界五位著名的学者、作家梅子涵、方卫平、朱自强、彭懿、曹文轩等,就当前儿童文学理论及创作的现状进行深入讨论。该书涉及十二个议题,其中第二个就是"关于图画书",几位专家普遍认为"发展图画书会成为21世纪中国的努力"。自那时起,梅子涵、朱自强、彭懿等就长期活跃在绘本阅读推广的第一线。

正如方卫平所说,"广义的图画书包括各类含有插图的童书,而狭义的图画书则主要指由图画与文字共同讲述一个完整故事的图书。"[4]当前,内容指向的绘本阅读推广所推广的绘本主要是狭义绘本,而绘本出版市场中的绘本实际上是广义绘本。

2. 产品指向

产品指向的绘本阅读推广,侧重于从绘本的产品角度解读和推广绘本,把绘本看作出版产业生产的产品,为促进产品的销售而进行市场营销活动。

绘本在中国大陆是一个全新的市场,在消费者还不清楚绘本是什么的时候,需要相关单位通过宣传推广绘本,创造和激发消费者的阅读需求。在投入新产品时,为减少出版风险,出版界优先选择引进国际上享有盛誉的绘本进行出版,早期引进出版的大多是获奖绘本和大师绘本。这些绘本在国际上积累了丰富的宣传资源和销售业绩,容易被我国市场接受,它们也是绘本理论界热衷研究和推广的对象。2006年,彭懿的《图画书:阅读与经典》,从几千种在世界儿童文学舞台上享有盛誉的绘本中挑选出100多种进行深入解读,既具有理论性,又极具资料性。正如该书责任编辑所说,"这本书,于初入门的读者来说是一本阅读手册,于发烧友来说是一本淘书指南,于出版社来说是一份绝佳的版权引进参考目录。"[5]

然而,随着绘本出版的进一步发展,消费者的绘本阅读需求已被点燃,面对巨大的绘本市场和有限的优秀绘本资源,出版社将目光转移到更大的绘本范围,而不再局限于狭义绘本。对生产者来说,只要产品能够满足消费者的需求,就有生产和推广的价值。这时,产品指向的绘本阅读推广不再过多强调绘本的狭义属性,而是把推广重点放在消费者的多样化阅读需求上,赋予绘本更多的教育功能。

3. 阅读指向

阅读指向的绘本阅读推广,侧重于从绘本的使用角度解读和推广绘本,把绘本看作儿童阅读的载体,强调绘本阅读对儿童的重要意义,主要以公共图书馆为代表。公共图书馆是传播教育、文化和信息的一支有生力量,其使命包括养成并强化儿童早期的阅读习惯。由于相较其他儿童读物,绘本能充分运用图画的表现力,辅以精练的文字,力求生动形象、立体开放地表达故事内容,更适合低幼儿童,大字不识的婴幼儿也可以在父母的陪伴下开启阅读之旅,因而被称为"孩子人生的第一本书"。同时,真正优秀的绘本是尊重儿童心理特点创作的,具有丰富的文学性、艺术性,能够满足儿童的好奇心和求知欲,儿童在绘本阅读中能够体验到快乐,也能获得心灵的成长。因此,公共图书馆界把绘本阅读推广当作培养儿童阅读习惯、践行公共图书馆使命的重要工作。早在 2006 年，广州图书馆就启动了绘本阅读推广活动。推广活动包括学术课题研究、亲子读书会、手工绘本制作、绘本故事讲述大赛等各类形式，取得了很好的社会效益。在中国图书馆学会的积极推动下，全国公共图书馆系统已充分认识到绘本阅读推广的重要性，各种理论研究和实践活动都已开始充分展开。这种目标指向的绘本阅读推广虽然借助的是绘本，但最终目标落实在阅读推广上，是要借绘本阅读培养儿童的阅读习惯和阅读能力，因此其所指的绘本也不局限于狭义绘本的范围。

综上，第一种目标指向的绘本阅读推广重在绘本的创作和研究，第二种目标指向的绘本阅读推广重在绘本的生产和销售，第三种目标指向的绘本阅读推广重在绘本的消费（阅读）。

四、绘本阅读推广存在的问题

1. 地区发展不平衡

由于绘本的生产成本较高，其价格一直居高不下。因此，绘本自引进出版，其销售的主要区域就是经济较发达地区的一线、二线城市，出版社组织的绘本阅读推广活动也以这些地区为主。很多偏远地区或农村地区的孩子没有购买和阅读绘本的机会。我们在绘本阅读推广过程中，要注意不能"一刀切"。在绘本发展比较成熟的大中城市，面对已经具备丰富绘本理论知识和多年绘本亲子共读经历的父母，我们不需要再反复重申绘本的意义和作用,而是应该"去功利化"——引导父母把关注点从绘本身上转移到儿童身上,绘本阅读的最终目的要回归到儿童发展上。而在绘本发展十分欠缺的地区,则要通过各种方式促进绘本知识的普及,提高当地政府宣传部门、教育部门、文化部门的重视程度,想方设法集全社会之力增加公共图书馆和学校图书馆的绘本馆藏。如举办各类教师培训和家长培训,介绍绘本是什么、绘本对儿童有怎样的意义、绘本应该怎么读等。

2.过度强调教育功能

绘本教育功能被夸大是绘本阅读推广中比较常见的现象。我们浏览有关绘本阅读推广的文献,发现大部分绘本都提及可以提高儿童观察力、想象力、理解力、思维能力,提高儿童语言能力、审美能力等。为了迎合父母的心理,促进绘本销售,出版社不断开拓绘本的多种功能,近几年还出现了不少艺术启蒙类绘本、自然绘本、数学绘本、性教育绘本等。不少城市的小学和幼儿园把绘本纳入课堂教学或课后阅读范围,幼儿教育培训机构也把绘本作为重要资源,如美术教育机构、音乐教育机构、戏剧教育机构、英语教育机构等都把绘本纳入其教学体系,还有特殊儿童教育机构也利用绘本辅助儿童康复。绘本的确具有一定的教育功能,但是其教育功能的实现是建立在阅读基础上的,儿童在阅读绘本的过程中(以亲子共读的形式为主)体验到乐趣,才能激发出阅读兴趣,才有可能最大限度地吸纳绘本中的有益养分。

绘本对儿童阅读兴趣的养成才是绘本阅读推广最根本的意义。有了阅读兴趣,才会养成阅读习惯,才能使阅读能力在不断的阅读中得到培养,从而潜移默化地得到其他方面的成长。因此,绘本阅读推广界在具体的绘本阅读推广活动中一定要注意把握尺度,在宣传绘本多元价值的同时,要不断重申绘本的本质特征和核心价值,把绘本对阅读的意义放在首要位置。

五、结语

绘本作为一个全新的概念、一种全新的图书形态,是格外需要通过推广来促进传播的。然而,从发展的眼光来看,绘本阅读推广终究有走向平淡的一天。那时,不是不再有绘本阅读推广,而是将绘本阅读推广变成一种常态,不需要再大张旗鼓地吆喝。对待绘本,我们的心态也变得平和。绘本只是儿童读物的一种,就好比某种食物再有营养,我们也不能永远只吃那一种一样,绘本再好也不能替代其他儿童读物。对待阅读,我们的心态也同样需要变得平和。古人说,"读万卷书,行万里路"。阅读固然是好,但阅读也绝不是我们人生的全部。

绘本阅读推广,我们仍有很长的路要走,很多的事要做。很多时候"功夫在诗外",绘本阅读推广需要推广绘本、推广阅读,但我们不能忘记,落脚点是我们的儿童,为的是儿童全面健康的发展。

（2017 年 8 月）

参考文献:

[1]陈香.一个人一本书和114场演讲[N].中华读书报,2008-08-06

[2]阿甲.帮助孩子爱上阅读——儿童阅读推广手册[M].上海:少年儿童出版社,2007:68

[3]朱自强.儿童文学概论[M].北京:高等教育出版社,2009:335

[4]方卫平.享受图画书:图画书的艺术与鉴赏[M].济南:明天出版社,2011

[5]魏刚强.迎接图画书时代[N].中华读书报,2006-08-06

高校图书馆设立经典阅览室与经典教育

王余光 王 媛

2008年4月24日,《深圳商报》刊发《著名学者王余光教授建议图书馆设"经典阅览室"》(记者 王光明)一文,报导笔者呼吁图书馆设立经典阅览室,现摘要如下:

昨天是世界读书日,北京大学信息管理系主任王余光教授在深圳图书馆开讲《中国阅读的传统与使命》,为"读书与人生"系列专题讲座压轴。

王余光提出,要进行素质教育就必须重视传统经典的阅读。因为经典阅读是对传统的继承,可以增长人的情趣,提高人语言表达能力。经典阅读是成为知识分子精英的条件之一。为此,他郑重建议各地图书馆增设"经典阅览室",为广大读者提供方便。[1]

随着全民阅读活动的深入开展,图书馆界阅读推广活动逐步向纵深推进,近些年对经典阅读推广的关注渐渐成为图书馆界阅读推广的新亮点。国内一些公共图书馆在经典阅读推广方面进行了有益的尝试,取得了良好的效果,体现了图书馆传承文明的社会职能。如2013年11月,深圳图书馆创设了"南书房"服务区,倡导经典阅读,弘扬优秀文化[2];深圳市南山区图书馆建有经典阅览室[3],河北省图书馆设有经典空间,还有一些图书馆专门设置了经典书架。

在方兴未艾的经典阅读推广活动与研究中,对高校图书馆经典阅读推广的研究近些年也得到了学术界与图书馆业界的关注。笔者在中国知网中进行文献检索,使用检索式"SU =(高校+大学)* 图书馆*经典*阅读",共得到148篇相关文献,其中90%的文献发表于近5年,文献中不乏对于高校图书馆开展经典阅读活动的实践案例介绍[4-7],也有论文在讨论高校图书馆经典阅读推广策略时提到了应该设立经典文献阅览室[8,9],不过,对于经典文献阅览室设立的必要性阐述尚不足。

基于此,本文将分析人才培养过程中阅读经典的重要性,进而对高校图书馆中开设经典阅览室和进行经典教育的必要性进行阐述,并从经典书目选择、空间功能设计、馆员配置、经典阅读活动开展等方面给出可供参考的高校图书馆经典阅览室设计方案。

1 阅读经典的必要性

过去近一个世纪,随着社会的发展和技术的进步,"为什么要读经典"这个问题常常会出现在中国读书人的讨论中。

19世纪末20世纪初,随着西学的引进,科举制度的废弃,传统经典与读书人愈行愈远。五四运动前后,新教育制度的确立和白话文的推行,青年学生,特别是中小学生,已不把传统经典作为主要读物了。因而,为什么要读经典,在那个时代就已被提出。笔者在《阅读,与经典同行》[10]中汇总了多位学人对这个问题的回答,其中尤以梁启超先生的见解最为深邃,于今日仍是振聋发聩之言。梁启超就为什么要阅读传统经典,提出了两层意见。一是,作为中国学人,就有必要读一些中国传统经典。他在《最低限度之必读书目》后的附言中说:"以上各书,无论学矿学、工程学……皆须一读,若此未读,真不能认为中国学人矣。"二是不仅需要阅读必要的经典,对那些"最有价值的文学作品"和"有益身心的格言",还需要熟读成诵。他在《国学指导二种》中指出:好文学是涵养情趣的工具,做一个民族的分子,总该对于本民族的好文学十分领略,能熟读成诵,才在我们的"下意识"里头,得着根底,不知不觉会"发酵"。有益身心的圣哲格言,一部分久已在我们全社会上形成共同意识,我们做这社会的分子,总要彻底了解他,才不至和共同意识生隔阂。一方面我们应事接物时候,常常仗他给我们的光明。

进入到20世纪末21世纪初,以互联网为代表的新技术大大冲击了人们的阅读生活,读书的问题再次引起了人们的普遍关心。在其中,随着中国经济实力的增强,所谓文化软实力被学者们不断宣扬,而阅读传统经典,宏扬中国文化,正是这种软实力的必备内涵。2012年,《中国青年报》社会调查中心进行的一项调查显示:83.6%受访者认为国人汉语应用水平下降,69.1%的人希望推广传统文化和经典文学。[1]这说明国人也越来越意识到,经典教育已经离我们渐行渐远,在新时期很有必要重返经典阅读。

我们阅读传统经典,不仅是为了获取知识,也是为了一个悠久文化的传承与发展。

1.1 大学生加强经典阅读和经典教育是人才培养的重要途经

高等教育是优秀文化传承的重要载体和思想文化创新的重要源泉。高等教育的根本任务是人才培养。大学本科要培养什么样的人才? 甘阳在《大学人文教育的理念、目标与模式》一文中指出,我国大学本科教育正从强调专业教育转向注重通识教育。自从1952年院系调整以来,我国采用了前苏联的大学体制,这种体制的主要特点就是从大学一年级开始就实行专业教育;近年来,我国高等教育界都比较清楚地看到了这种体制的弊端。我国教育行政管理部门和各高校都开始探索大学本科教育模式的转型问题。1995年国家教育行政管理部门在部分高等学校开展"大学生文化素质教育"试点工作,尤其1999年后,教育部决定批准建立32个"国家大学生文化素质教育基地",进一步促进了许多高校探索本科教育体制的转型问题。北大、清华、复旦、武大等高校最近都比较明确地提出了本科教育要走向"淡化专业,低年级实行通识教育,高年级实行宽口径专业发展"的转型目标,力图改变

1.2 阅读经典文本是通识教育的基础与核心

武汉大学郭齐勇教授在对欧美日等多所大学的通识教育进行考察后发现,发达国家的大学都将人文素质的培养作为终身教育的主要内容,一些知名高校更是将导读东西方的古代经典,作为培育学生的重要途径。[13]他发现,一个西方人,不管从事什么行业,在他经受的家庭、社会、学校教育中,起码诵读过、学习过荷马史诗,柏拉图或亚里斯多德等希腊哲学,西塞罗等罗马政论,莎士比亚的文学作品等。

其实自本世纪初,国内的部分学者就先后呼吁、倡导在高等院校教学中加强经典阅读。2003年11月10日—21日,清华大学、东南大学、华中科技大学在首届人文教育高层论坛上发出《关于在高等学校进一步开展文化经典阅读活动的倡议书》:希望中国高校师生阅读文化经典,提高文化品位。2005年6月18日到20日,主题为"中国大学的人文教育"首届"中国文化论坛"召开。许多学者提出大学人文教育应该改革"概论、原理+通史"的模式,使之转变为研读古今中西原著经典的方式。2006年4月14至17日在上海大学举行"中文学科通识教育改革——中国古代文学教学与研究研讨会",与会专家与学者认为文学学科教学要打通文学学科与其他学科的教学,以培养全面发展的人、呼唤教学者对文学原典的回归,强调经典阅读,广泛阅读传统典籍原作等。

1.3 大学生对经典的阅读现状不容乐观

虽然多方呼吁与规划设置,但从多个大学生阅读状况调查中我们却发现当今的青年学生对经典仍然越来越疏离了。不少学生认为经典意味着守旧、过时,于现实的价值不大。另一方面,网络的冲击和快节奏的生活方式使得年轻人沉不下心来阅读经典,价值观世俗化和物质化。复旦大学曾做过当代大学生阅读习惯的调研,结果显示经常阅读人文社会科学典籍和学术类著作、期刊的大学生不足三成。[14]

梁春芳在2009年对杭州16所本科高校大学生进行了阅读状况调查,其中特别关注了大学生对于经典名著的阅读。调查显示,78%的学生认为阅读经典名著很重要和比较重要,但从完成阅读的情况来看,阅读完20种以上经典名著阅读的仅占11%。调查反映出大学生对经典名著都有不同程度的了解、涉猎和阅读体验,但阅读率还不够高。[15]王逸鸣在对北京大学学生经典阅读现状进行调查时发现,50%的被调查者了解经典的方式是阅读原著,但仍有近30%的学生坦言,自己了解经典的主要途径是影视、动画作品等,另有20%左右的学生选择通过书评网站了解经典。[16]

1.4 大学生阅读经典以应对信息爆炸

在大学中设置深度阅读经典文本的课程可以帮助应对信息爆炸。当代社会是一个资讯发达的社会,海量庞杂、无序的信息充斥着我们的视觉,人们的阅读行为变得被动、随意,缺乏逻辑系和系统性。加之当前各种媒体倡导的是一种歌舞升平、娱乐至死的价值选择,资讯本身的简单化、粗糙化和平面化,也使得人们开始逃避沉重、严肃和深刻的感观体验。网络也大多数人习惯了浮光掠影的浏览,却很少进行有深度的思考。长久下来,整个社会的思考力逐渐降低,感受力也变得粗糙了。[17]大前研一在其著作《低智商社会》中所说的:看"内容简单"、"即刻见效"之类的畅销书,"不用多考虑就能得到答案",最终的结果是"停止思考"、"智商衰退",整个社会变成低智商社会[18]。

大卫·丹比是美国《纽约》杂志的电影评论家。1991年,他48岁,突然回到母校哥伦比亚大学选修"文学人文"与"当代文明"这两门课,重读西方经典。他之所以这样做,主要源于他自身的知识危机。作为媒体中的人,他深感:媒体给予信息,但信息在90年代已变成了瞬息万变、十分不稳定的东西。一个人永远不会得到充分的信息,这就是美国人现在为什么焦虑不安得像半疯了一样的诸多原因之一。他说:"我拥有信息,但没有知识","严肃的阅读或许是一种结束媒体生活对我的同化的办法,一种找回我的世界的办法。"[19]

信息爆炸让现代人变得脆弱,心理素质不稳定,语言空洞,沟通能力弱化。要改变这个危机,则需要从阅读经典开始,通过阅读经典打破固定的、简单的思考方式,从经典中开拓我们的思考,强化我们的内在感受。

2 高校图书馆积极推动设立经典阅览室

高校图书馆是为教学和科研服务的信息服务机构,具有文化传播和教育的职能,在大学生的人文素质教育承担着重要责任。在大学本科教育转向培养通识人才的趋势下,在大多数青年学生忽视阅读经典文献的现实中,拥有丰富经典文献资源和良好阅读环境的高校图书馆可以积极推动设立经典阅览室,将经典文献集中存放展示,并围绕经典文献开展相关的经典阅读推广活动,形成融集中展示、阅读指导、读书沙龙、小规模研读等多功能于一身的经典阅读空间。

2.1 集中展示经典文献,塑造阅读经典的氛围

图书馆宣传推广经典作品的直接方式之一便是把馆藏经典作品集中在一起供读者便捷地阅读。在国外许多大学图书馆、公共图书馆就专门成立了这样的经典文献阅览室。例如在英国著名的牛津大学的 Bodleian 图书馆、芝加哥大学的 Joseph Rigen Stein 图书馆和其他许多大学均有专门的经典文献阅览室,收藏一些希腊、拉丁文的古代精品、历史、哲学、神学等相关典籍,都有固定的开放时间,由专职馆员负责管理咨询、宣传及推广。[20]

关于大学生经典阅读的调查显示,大学生没有阅读经典的原因包括对经典文献认知模糊,甚至不知道何种文献为经典文献。我国大部分的高校图书馆采用《中国图书馆分类法》对馆藏文献

进行分类排列,也不利于经典文献的区分。如果我们能将经过选择的经典文献,存储在一个相对独立的空间——经典阅览室中,读者拿起的每一本书都是人类文明的精华,这将大大提高读者对于经典文献的辨识度,有利于经典阅读氛围的塑造。

2.2 经典阅览室将成为大学通识教育不可或缺的部分

通识教育是以阅读经典文献为中心开展的。而一些调查问卷显示,在大学生"喜欢的阅读场所"的选项中,"图书馆"占据第一。[21]如何将读者对图书馆阅读空间的肯定转换为图书馆为大学的教学科研的直接支持,进而提升图书馆在大学中的地位?建立经典阅览室,直接与大学通识教育课程进行对接,使图书馆成为大学通识教育开展时不可或缺的环节。

在香港中文大学新亚书院所进行的通识教育规划中,图书馆主任钱穆是通识教育委员会委员之一,参与制定和推行通识教育课程的工作,随时掌握通识教育的最新发展,适时调整图书馆的策略和服务。为了支持通识教育的教学工作,香港中文大学大学图书馆系统在三所书院图书馆均设立了通识教育特藏。对特藏流通量的分析显示钱穆图书馆通识教育特藏符合课程的要求和读者的需要。[22]图书馆成为大学通识教育不可或缺的组成部分。

2.3 挖掘经典馆藏资源,提高图书馆服务水平

经典文献的集中存放,并进而形成经典阅览室,也体现了图书馆对于馆藏资源的挖掘,是更深层次的图书馆服务,可以拓展

图书馆的生长空间,图书馆藉此机会加强和师生的联系和交流,也可以扩大影响力。

3 高校图书馆经典阅览室的参考设计方案

3.1 经典书目的选择

高校图书馆经典阅览室以展放5000-8000种图书为宜。如此大数目的书目选择考验设计者的学识和能力。经典阅览室里集中展放哪些作品,什么样的作品才算是经典文献,哪些作品被认为是经典,这是在经典阅览室设计方案中需要解决的最根本的问题。

我们常说的经典,是指那些具有重要影响的、经久不衰的著作,其内容或被大众普遍接受,或在某专业领域具有典范性与权威性。就一般意义上而言,经典具有三重特性或三要素:1)影响力。影响力体现了作品内容的吸引力。那些进入经典的作品,无不在一定区域具有重要影响力。2)时间性。一部作品,或许影响一时,或许在某一特定的时期被人顶礼膜拜,但时过境迁,很快就被人们遗忘或抛弃。经典,需经得起时间的检验,需经久而不衰。3)广泛性。经典必须是广泛的,是指它所讨论的问题是人们所普遍关心的,是大家普遍接受的。比如《诗经》、《论语》、《史记》、《三国演义》等等,它们的内容是广泛的。影响力、历史性和广泛性,大概就是经典所需要具备的因素。[23]

推荐书目是帮助确定经典的重要参考,但推荐书目难免带有推荐者的主观色彩,甚至选哪本书不选哪本书,选哪个版本不选哪个版本都带有偶然性。基于此,笔者在 1998 年收集了 80 种中外推荐书目(中国的推荐书目 54 种,外国的推荐书目 26 种),运用了计量的方法,对 80 种书目所推荐的书进行统计,以各书被推荐次数的多少为序,列出目录。依据上述统计,我们看到,在中国著作中,推荐次数最多的书,亦可称之为经典的,大致可分为八类:(1)四书五经,(2)前四史与《资治通鉴》,(3)先秦诸子,(4)其他子部书,(5)唐宋诗文,(6)其他诗文,(7)古典小说,(8)其他。以此为基础编著而成的《中国读者理想藏书》涉及图书 2503 种,可作为高校图书馆经典阅览室陈列收藏经典的基本书目。另外,我们推荐以下几本书,供高校图书馆经典阅览室选择陈列收藏经典时参考:

《影响中国历史的三十本书》,王余光主编,1989 年武汉大学出版社版,1993 年韩国汉城知永社版,1994 年台北洪叶文化事业有限公司版,2007 年武汉大学出版社新版。

《中国读书大辞典》,王余光、徐雁主编,南京大学出版社 1993 年初版。

《中国读者理想藏书》,王余光主编,光明日报出版社 1999 年出版。

《中外推荐书目一百种》,邓咏秋、李天英编,陕西师范大学出版社 1999 年出版。

《中国家庭理想藏书》，文建明、刘忠义主编，三联书店2013年出版。

3.2 经典阅览室的人员配置与空间设计

高校图书馆在决定设立经典阅览室之后，就可以物色馆员来参加阅览室的筹建工作。经典阅览室并不同于传统的图书馆阅览室，管理经典阅览室的馆员首先应熟悉经典文献，对经典文献的阅读推广工作颇有心得，以后要负责经典阅览室书目的选择、参与空间的设计、阅览室日常工作的运维以及经典阅读推广工作的开展。除固定的馆员之外，考虑到经典阅览室的影响力和长远发展，图书馆还可以为经典阅览室聘请馆内外、校内外的专家团队。

在空间布局上，经典阅览室以200-300平方米的封闭或相对封闭的空间为宜。空间大小可根据学校图书馆规模相对调整。空间的设计以典雅温馨、充满人文气息为宜。一些充满古典元素的图书馆建筑，如清华大学图书馆老馆可作为经典阅览室空间设计的参考。

在经典阅览室的家具选择和布局上，宜参考近几年图书馆界盛行的信息共享空间设计，选择可灵活组配的桌椅，以便于在经典阅览室中开展小型讲座、沙龙、诵读会等活动。

3.3 经典阅览室的服务内容

经典阅览室在基础的图书集中展放、经典图书的借还流通之外,还可以结合大学的通识教育课程和人才培养目标开展一系列延伸服务,如:(1)可为全校学生开设或协助开设经典教育课程;(2)根据不同院系的培养方针,为学生制定个性化的经典阅读计划,提供适宜的版本;(3)举办经典阅读的读书会、讲座或沙龙等交流活动;(4)与经典有关的热点开展主题阅读活动,如在曹雪芹诞辰日时举办有关《红楼梦》的品读活动,或者每年诺贝尔文学奖公布时举办百年诺贝尔文学奖获奖作品的阅读活动;(5)围绕某一本经典著作开展渐进式阅读活动,如鼓励学生阅读《诗经》,并为学生提供与《诗经》有关的研究书目,这些书目又成为经典阅览室经典书目的更新和补充。

一座现代化的高校图书馆里,有一间典雅、书香浓郁的经典阅览室,人类文明的经典静静地摆在书架上,等待年轻学子来阅读,人类文明的历史与未来在这里相会。今天,我们推荐阅读经典,不仅是为了获取知识,也是为了一个悠久文化的传承与发展。这或许是中华民族寻求一个完善、独立自我与品格的最好途径。

(2014年9月)

参考文献:

[1]王光明.著名学者王余光教授建议图书馆设"经典阅览室"[EB/OL].http://szsb.sznews.com/html/2008-04/24/content_148947.htm,2014-08-05

[2]深圳书城.2014年深圳图书馆南书房家庭经典阅读书目

[EB/OL].http://www.szbookmall.com/scxs /13/index.jsp,2014－08－05

[3]深圳市南山区图书馆.深圳市南山区图书馆服务指南[EB/OL],http://www,sznslib,com,cn/serviceguide/,2014-08-06

[4]何红珍,袁俊枫,陈岚.中医院校大学生的中医经典书籍阅读需求调查——以广西中医药大学图书馆为例[J].中国中医药图书情报杂志,2014,(02):48-51

[5]彭艳,屈南,李建秀.试论大学图书馆的经典阅读推广——以首都师范大学图书馆为例[J].大学图书馆学报,2012,(2):91-94

[6]吴淑娟.高校经典阅读的问题和推广探究——基于中国劳动关系学院图书馆阅读推广活动实践[J].中国劳动关系学院学报,2013,(05):95-99

[7]许亮,赵玥.高校图书馆经典阅读推广实践与探讨——以北京建筑工程学院图书馆为例[J].高校图书馆工作,2012,(3):41-43

[8]王立新.高校图书馆力推大学生经典阅读的策略探究[J].河北科技图苑,2011,24,(4):53-55

[9]黄桂玲.高校图书馆经典阅览室与经典阅读推广研究[J].农业图书情报学刊,2014,(05):142-144

[10][23]王余光著.阅读,与经典同行[M].深圳:海天出版社,2012

[11]王岳川.消除汉语危机是文化强国的必由之路[J].海外华文教育动态,2012,(2):104-105

[12]甘阳.大学人文教育的理念、目标与模式[J].北京大学教育评论,2006,(03):38-65

[13]郭齐勇.人文教育从经典导读出发[N].中国教育报,2006-05-18(007)

[14]张硕.对大学生阅读经典书籍状况的认识[J].贵州民族学院学报:哲学社会科学版,2006,(1):174-176

[15]梁春芳.大学生读什么书——杭州16所本科高校大学生阅读状况调查[J].中国出版,2009,(4):48-52

[16]王逸鸣.当代大学生经典阅读现状分析与对策建议——以北京大学为例[J].北京教育(德育),2014,(02):13-14

[17]龚鹏程著.向古人借智慧[M].南京:凤凰出版社,2011

[18]大前研一.低智商社会[M].北京:中信出版社,2010

[19]大卫·丹比,曹雅学译.伟大的书[M].南京:江苏人民出版社,2003

[20]刘芳.国外图书馆经典阅读活动之探析[J].经济研究导刊,2012,(6):224-226

[21]岳修志.当代大学生阅读问卷调查分析[J].大学图书馆学报,2011,(04):81-85

[22]马辉洪.大学图书馆在推行通识教育课程中的角色——以香港中文大学新亚书院通识教育为例[J].图书馆论坛,2011,31(4):135-137

经典阅读与经典阅览室建设序说

王余光

一

2009年，受东莞图书馆市民讲堂之邀，我在东莞图书馆做了一场名为"阅读，与经典同行"的公益讲座。在这次讲座中，我提出：

近十余年来，随着新技术的发展，电视、手机与网络的普及所造成的冲击，使人们的阅读时间大大减少了。与此同时，随着中国经济实力的增强，所谓文化软实力被学者们不断宣扬，而阅读传统经典，宏扬中国文化，正是这种软实力的必备内涵[1]。

进而倡导让阅读经典成为"每个人教养的一部分"。讲座结束后，《光明日报》全文刊登了这篇演讲稿，不久，《新华文摘》《新华月报》《教育文汇》等多家媒体也向读者重点推荐了这篇文章。之后的十余年间，我常受邀为图书馆开设公益讲座，其中不少是"命题作文"，图书馆同仁经常"指定"我讲经典阅读相关的题目。自2009年至今，类似题目应当讲了不少。举这个例子，并不是要说明我的讲座有多精彩，真正吸引读者走进图书馆，拿起书籍的，是经典的力量。

我国古有重视阅读的风气，"经典崇拜"的传统源远流长。近代以后，中国传统经典受到了冲击，经典的概念内涵与外延都在发生深刻的变化，但中华民族的经典阅读情结并没有断绝。人们可能因为时间、阅读能力的原因不读经典，但这并不妨碍他们对于经典和经典阅读价值的认知。近年来，随着经济的发展，物质条件的改善，人们精神层面的追求越来越高，经典阅读的需求是客观存在，而且还在随着时代发展变得更加强烈。座无虚席的图书馆，每次讲座后围在一起热烈讨论经典阅读方法的听众，就是这种需求的直观反映。

开展社会教育，是图书馆，尤其是公共图书馆的重要职责。近年来，社会各界普遍重视全民阅读，"倡导全民阅读，建设书香社会"数次写入政府工作报告。全民阅读需要社会各界力量的共同参与，其中，图书馆是推动全民阅读走向深入的主力军，是阅读推广工作的主阵地。与其他主体相比，图书馆阅读推广是公共文化服务的组成部分，在推广阅读的同时，也要注重社会教育功能的实现。从这个角度来说，经典阅读理应成为图书馆阅读推广工作的重点，以中外经典读物为核心构建图书馆阅读推广的内容体系，引导、帮助民众更好地享受经典阅读的乐趣，是图书馆经典阅读推广的首要任务。

二

那么，图书馆应当如何开展经典阅读推广工作？前面已经说到,就我国这样一个尊重传统的国家而言,引导人们认同经典阅读的价值并不困难。然而,与休闲阅读相比,经典阅读无疑是一种更有难度、更具挑战性的阅读,特别是经历了相当长时间的与传统文化的割裂后,当代国人阅读经典是存在一定障碍的。因此,经典阅读推广的重点很自然地就转向了对——为什么要读经典?读什么经典?经典怎么读?等问题的探索。

解决这些问题,历史上常采用的方法是开列经典推荐书目。推荐书目是针对特定读者群体,围绕某一专题,对文献进行选择后,以普及知识和指导自学为目的编制的书目[2],经典推荐书目,就是以经典著作为挑选对象的书目。我国推荐书目的传统可上溯到敦煌文书中的《唐末士子读书目》,清末张之洞《书目答问》则是历史上影响最大的一部推荐书目。上世纪20年代以来,围绕国学书目展开了一场旷日持久的论争,许多著名学者参与其中,胡适、梁启超、朱自清、钱穆、张舜徽等人,为指导青年阅读先后开列书目,对20世纪的经典阅读产生了深远的影响。2000年前后,为了应对世纪之交社会阅读风气的变化,我组织学生编撰了一批经典推荐书目丛书,希望能够延续我国的推荐书目传统,为读者阅读提供帮助。这些书籍包括:《中外推荐书目一百种》(陕西师大出版社,2001);《名著的选择》(云南人民出版社,1999);《中国读者理想藏书》(光明出版社,1999)等。今天看来,这些书内容并不高深,只是根据收集来的中外推荐书目做了一些汇总、分析的工作,资料价值大于研究价值,但却为我们之后数十年参与经典阅读推广工作打下了坚实基础,其对于经典阅读的指导意义,放之当下也并不过时。

然而,经典推荐书目虽然可以解决读什么的问题,但在激发读者阅读兴趣,营造经典阅读氛围方面效果是有限的。已经有良好阅读习惯的读者,经典推荐书目可以帮助他少走弯路,但对刚刚接触经典的读者来说,仍然需要一定的空间、环境来促进其阅读。而受居住环境限制,普通中国家庭并不具备营建独立阅读空间的条件,那么,肩负了社会教育使命的图书馆,显然就应当承担起这份社会责任。因此,2008年,我在深圳图书馆一场名为"中国阅读的传统与使命"的讲座中,倡导在全国各地图书馆增设"经典阅览室"[3]。

所谓经典阅览室,是指将经典文献集中存放展示,并围绕经典文献开展相关的经典阅读推广活动,融集中展示、阅读指导、读书沙龙、小规模研读、经典专题研讨、出版经典导读刊物等多功能于一身的经典阅读空间[4]。对于大学图书馆来说,经典阅览室作用主要体现在经典教育、人文素养培育方面。对于公共图书馆来说,则更加强调对家庭经典阅读的促进。

我的倡议发出后,受到了业界同仁的响应。2014年11月,在安徽师范大学图书馆召开了"高校图书馆设立经典阅览室可行性研讨会",2014年12月2日的《光明日报》以《在哪儿阅读经典?》[5]

为题报导这次会议,经典阅览室建设得到了理论界的关注。而经典阅览室建设实践尚领先于理论进展,2013年,深圳图书馆开设"南书房";2014年起,山东图书馆系统启动"尼山书院"建设,经典阅读空间是其重要构成;2016年,河北沧州图书馆"遇书房"正式开放;2016年9月28日,孔子诞辰日当日,黑龙江省图书馆龙江书院正式面向读者开放。这些由公共图书馆主办的经典阅读空间,在当地都引起了较大的社会反响,在激发民众经典阅读热情、提升图书馆经典阅读质量方面起到了良好的效果。这也说明,经典阅览室是一条值得继续探索的图书馆经典阅读推广途径。

三

在上述公共图书馆经典阅览室(空间)中,龙江书院创办的时间不长,却是其中较有特点的一个。龙江书院主持人毕红秋女史,早年毕业于东北师范大学图书馆学专业,具有很好的图书馆学理论素养,毕业后长期在图书馆工作,又有丰厚的实践经验。她是我国图书馆阅读推广事业坚定的支持者和推动者。自2006年中国图书馆学会成立首届科普与阅读指导委员会起,黑龙江省图书馆便一直积极参与相关工作,热心推进图书馆阅读推广工作的深入开展。在我提出图书馆建立经典阅览室的倡议后,黑龙江省图书馆也给予了积极的回应。龙江书院建设过程中,毕红秋女史与我进行了多次深入沟通,就书院的主要职能、服务内容、服务形式等方面征求了我的意见。经过了紧张的筹备,龙江书院于

2016年9月28日正式面向读者开放,我国公共图书馆经典阅览室又添重要一员。

根据黑龙江省馆同仁的设想,在广泛征求多方意见后,龙江书院被定位为:旨在提升民众传统文化素养,传承龙江文明记忆,打造传统与地域文化教育品牌[6]。围绕上述功能,书院内部被分为:经典文学阅览、国学讲堂、禅茶香道、琴棋书画四个功能区,其中,经典文学阅览室和国学讲堂主要起到经典阅览室的作用。为了配合经典阅读推广工作的开展,书院成立之日同期推出《龙江书院家庭经典阅读书目》,每年为龙江的读书人提供10种可供家藏与研读的核心经典文献书目,计划用五年的时间,为龙江书香家庭打造一个经典文献藏书架[7]。我和我的科研团队,很荣幸地承担了该书目初选书单的评选工作。每年在本团队提出的20本备选文献书目基础上,由黑龙江省馆组织专家对书目信息展开研讨,再结合地方文化发展和社会阅读现状,投票决定当年最终入选的10种图书,为之撰写提要和推荐理由,向社会公布。

从2016到2020年,不知不觉间,龙江书院即将迎来成立五周年的纪念日,《龙江书院家庭经典阅读书目》也将按照计划最后一次与读者见面。在五年的合作中,我常常感动于黑龙江省图书馆同仁对于事业的热情和无私付出,在社会风气略显浮躁的今天,省馆同仁们在地缘经济并不占优势的东北地区,仍能有这样的坚持与热情,尤其令人感佩。值此龙江书院成立五周年之际,谨以这篇小文表达我对省馆同仁的敬意,庆祝书院的生日,也希望这份书目的终点,是读者经典阅读的起点。让图书馆成为都市生活的第二起居室!让经典阅读的魅力常伴我们身边!

(2020年7月)

参考文献:

[1]王余光.阅读,与经典同行[N].光明日报,2009-04-30(11)

[2]彭斐章,乔好勤,陈传夫.目录学[M].武汉:武汉大学出版社,1995:129-135

[3]王光明.著名学者王余光教授建议图书馆设"经典阅览室"[N].深圳商报,2008-04-24(C02)

[4]王余光,王媛.高校图书馆设立经典阅览室与经典教育[J].大学图书情报学刊,2014(6):5-10

[5]柳霞.在哪儿阅读经典?[N].光明日报,2014-12-02(15)

[6]黑龙江省图书馆龙江书院正式开院[EB/OL].(2016-09-28)[2020-07-08].http://hlj.people.com.cn/n2/2016/0928/c220024-29076773.html

[7]龙江书院发布《家庭经典阅读书目(2017)》[EB/OL].(2017-09-28)[2020-07-08].http://hlj.people.com.cn/n2/2017/0928/c220024-30789212.html

图书馆设立经典阅览室的现状与思考

陆滢竹

1 经典阅读室建设的理论依据

关于图书馆经典阅览室建设的提出,可以追溯至2008年的"世界读书日",时任北京大学信息管理系主任的王余光教授在深圳图书馆"为读书与人生"系列专题讲座上郑重建议各地图书馆增设经典阅览室[1]。次年4月,《光明日报》刊登了王余光教授在东莞市图书馆的演讲稿,其重点强调了经典阅读对于读者的重要性[2]。关于如何建设经典阅览室以及其设立的必要性,王余光、王媛在《高校图书馆设立经典阅览室与经典教育》一文中从经典书目选择、空间功能设计、馆员配置、经典阅读活动开展等方面提出了可行性建议[3]。由此,图书馆关注经典阅读并且尝试设立经典阅览室来鼓励、指导读者阅读。

伴随着手机阅读等数字化阅读的发展,因其具有不受时间、空间限制的特点,兴起了"浅阅读"的大众阅读习惯,从而造成了读者思维跳跃、专注力下降、阅读深度缺乏等一系列问题。中国新闻出版研究院组织实施的第十六次全国国民阅读调查结果显示,我国成年国民网上活动行为中,以阅读新闻、社交和观看视频为主,娱乐化和碎片化特征明显,深度图书阅读行为的占比偏低;超过半数成年国民倾向于数字化阅读方式,倾向纸质阅读的读者比例下降,而倾向手机阅读的读者比例上升明显;此外,调查组还关注到,0~17周岁未成年人图书阅读率有所下降[4]。另一方面,纸质书的出版量没有因为阅读方式的转变而减少。根据国家新闻出版署发布的报告,2018年,全国出版新版书籍22万余种、重印21万余种,与上一年相比,新版品种降低2.26%,重印品种增长8.06%,品种合计增长2.45%,总印数增长8.98%[5]。在这个信息过载的时代,选择什么书籍去阅读,如何阅读,成为大众关注的热点话题。因此,图书馆作为公共文化服务机构设立经典阅览室,可以更好地为大众提供阅读空间,并提供相应的阅读指导,具有其必要性。

1.1 空间营建

中华民族历来重视阅读经典,尤其是传统经典的阅读,从孔夫子提倡读书做人到《大学》阐发的修身、齐家、治国、平天下,从隋代初年创科举制度到宋代流传的"书中自有黄金屋""书中车马多如簇"[6],从民国保存国粹到今天优秀传统文化的传承,等等。几千年来,经典阅读都受到人们的高度重视。图书馆关注本民族的经典阅读,正是上述传统的延续。

很多人认为,经典与其他文本相比,阅读有较大难度,因而纸本阅读更为适合,读者静心于纸本经典阅读,才能较好理解经典的奥义。而纸本阅读,往往与一定的空间相联系。在过去,传统家庭书房是家人修身养性、求学问道的场所,是文人雅士心灵的栖息地[7]。可以说书房在家庭经典教育中起着十分重要的作用。今天,家庭书房基本消失,家庭藏书基本没有。而图书馆不仅可以提供经典读物,还可以给读者提供一个阅读纸本经典的空间。

图书馆建立经典阅览室,是对于中国传统家庭书房的延续,一方面,可以培养儿童从小开始的阅读习惯与阅读兴趣,另一方面,还给读者提供了一个培养"深阅读"的良好氛围,使其成为一家人休息日读书的理想去处,给家庭阅读提供一个空间。除此之外,也给读书会、沙龙等经典阅读活动举办提供了一个必要的空间环境,从而在书目的选择上引导读者阅读有价值的书。

1.2 阅读指导

设立经典阅览室所针对的第二个问题是对儿童阅读和经典阅读的指导。首先,儿童阅读必然需要家长、馆员来帮助引导选择读本。同样的,对于一般读者来讲,也需要有关辨别古今中外图书之精华与糟粕的指导,前人在这方面开具了大量的推荐书目。目前所见最早的"唐末士子读书目"(敦煌遗书伯2171号)、元代初年学者程端礼在他的《程氏家塾读书分年日程》三卷中所列的应读书目、明末陆世仪在他的《思辨录》中为青少年开列的阅读书目、清朝康熙年间由李颙口授的《读书次第》、光绪初年张之洞编写的《书目答问》，一直到20世纪以来包括梁启超、胡适等知名学者所开具的一系列推荐书目，具有时代性、思想性的特征[8]。随着时间的流逝，推荐书目的效用也在随之减弱，这也就对图书馆开具一份适用于当下本土读者阅读的书单提出了要求。因此，图书馆设立经典阅览室，不仅仅是建设一个阅读空间，更重要的是设立一个机构，这个机构的主要任务便是指导读者阅读经典。

2 经典阅览室建设现状

朱自清在《经典常谈》序言中讲到："在中等以上的教育里，经典训练应该是一个必要的项目。经典训练的价值不在实用，而在文化。"[9]在这个信息化时代，海量的媒体信息充斥影响着每一个人，图书馆应以经典阅览室建设为依托，鼓励经典"深阅读"、引导重建家庭藏书，从而引领信息世界向知识世界的转向。经典阅览室作为一个指导读者阅读的机构，不仅要给读者营造一个良好的阅读氛围，更要依托机构设置多样化指导读者阅读的方式。从全国范围来看，近年来，图书馆开始设立经典阅览室，本文在已设立经典阅览室的公共图书馆中选取四家（深圳图书馆、黑龙江省图书馆、南京图书馆、沧州图书馆）作为案例。此外，现有大量的图书馆虽然还没有设立经典阅览室，但大多从下文中提及的一个或者多个方面出发做了有益的工作，取得了良好的效果。

2.1 机构设置

2.1.1 环境布置

图书馆设立经典阅览室,首先需要仔细考量其环境布置。现如今的读者,尤其是城市居民,存在着受限于家庭条件无法在家中开辟出一块阅读空间的情况,此时公共阅读空间显得尤为重要。图书馆经典阅览室建设应以此为出发点,借鉴吸收古代藏书楼、古代书房中的中华传统阅读文化特点,营造一个舒适、雅致、轻快的阅读氛围,并相应地赋予其文化性、实用性、交流性等多元价值与功能。

图书馆在对经典阅览室进行环境布置的时候还要充分考虑到自由交流的空间。例如,很多西方图书馆会设置一些相对封闭的透明化空间供读者在其中交流学习,既不影响到外面的读者,又能三五好友共品经典、疑义相与析。与此同时,也需要设置一个相对比较开阔的空间以供开展包括学术沙龙、读书会、讲座在内的经典阅读交流活动以及像作者诞辰日、世界读书日等经典相关热点的纪念日品读活动。

除此之外,图书馆在阅览室建设时应结合空间设计研究与阅读心理研究,进一步细化家具选择、灯光布局等一系列影响读者阅读的因素,打造有中国传统文化特色的经典阅读空间。

2.1.2　书目遴选

除了环境布置以外,经典阅览室作为一个机构还有另一项重要的职能,即遴选经典书目集中展示经典文献,从而营造良好的经典阅读氛围。

经典阅览室中布置的书籍主要可以分为以下两类，一类是中外经典，关于经典的定义，古今中外已经有大量的阐述，在此不再一一枚举。概而言之，应是为大众所接受、具有广泛影响力且经久不衰的作品。王余光、王媛[10]推荐了《影响中国历史的三十本书》《中国读书大辞典》《中国读者理想藏书》《中外推荐书目一百种》《中国家庭理想藏书》以供图书馆书目遴选时参考。第二类经典是乡贤著述，应由各图书馆来把握。乡邦先贤的著述是一个地区文化发展的代表，图书馆利用其地理优势对所在地区先贤著述加以精选展示，一方面可以增强读者们的本土文化自信，另一方面，相较于中外经典，可能因其内容更贴近于读者的生活环境、习俗而受到广泛欢迎。

2.2 指导方式

2.2.1 多样化经典书籍版本

经典阅览室的建设本身便起到了指导经典阅读的作用。首先，图书馆对上文中提到的中外经典与乡贤著述文献进行合理的摆放布局，在图书陈列时应明确区分摆放两类著作，从而引导读者更有效地进行选择。其次，对于遴选出的每一部经典，图书馆应选取摆放多种优秀版本供不同读者选择阅读。例如，《古文观止》的版本众多，以近年出版的两个版本为例，南京大学出版社出版的《古文观止》[11]大字注音全本有题释、拼音大字正文、注释，更适用于中学生阅读，而中华书局出版的《精校评注古文观止》[12]则更适用于具有一定基础,想要更深层次阅读、学习古文的读者。

2.2.2 发布经典阅读推荐书目

藏书在经历了历史上的数次浩劫后已经消失殆尽,现如今,家庭藏书呈现衰败的景象,大众藏书意识的衰退、转变需要图书馆承担起相应责任,呼吁引导大众构建家庭藏书。图书馆鼓励家庭藏书应该从经典开始。

关于"读什么经典"这一问题的讨论者众,且存在诸多争议。1923年,胡适先生、梁启超先生分别编撰了一份国学相关推荐书目,对于胡适先生所提出的最终稿《实在的最低限度的书目》,梁启超先生批评其"文不对题""罣漏太多""博而寡要"[13]。推荐书目的拟定不可避免地带有个人主观性,还受所处时代背景影响,关于这个问题,深圳图书馆、黑龙江省图书馆、沧州图书馆等多家图书馆做了有益的尝试,大量的家庭没有经验应该买什么书,而通过经典阅览室发布推荐书目可以更加具体地指导读者阅读经典。

图书馆作为公益性机构,相较于其他以营利为目的的机构发布的书目更具有可靠性和说服力。深圳图书馆于2013年创设了"南书房"经典阅览室,依托经典阅览室,从2014年起每年在世界阅读日向深圳市民发布《深圳图书馆南书房家庭阅读经典书目》,囊括30种中外经典,旨在向广大读者推荐适合当今中国家庭阅读与收藏的经典著作,计划花10年时间完成发布,推出300本经典,相当于一个一般家庭书架藏书量[14]。黑龙江省图书馆龙江书院也从2016年起推出《家庭经典阅读书目》,计划耗时5年,每年为龙江读书人提供10种可供家庭收藏与研读的核心经典文献书目,为龙江书香家庭打造一个经典文献藏书架[15]。此外,沧州图书馆在每年狮城读书月组织专家精选30本经典图书编制发布《遇见经典——狮城读书月推荐书目》[16]。

2018年也就是《深圳图书馆南书房家庭阅读经典书目》发布的第五年,深圳图书馆将其推荐的150种图书借阅率做了一个统计,累计总外借量达到了推荐前5年外借总量的2.56倍,推荐图书人次达到了推荐前5年借阅总人次的1.5倍[17]。由此可见,推荐书目在发布的过程中受到了读者、家庭的关注,对于全民阅读、家庭藏书起到了一定的推动作用。

20世纪以来推荐书目频出,有上文提到的胡梁书目,有钱穆先生在西南联大为学生开列的《文史书目举要》,有朱自清先生的《经典常谈》,有张舜徽先生在兰州大学为学生开列的《初学求书简目》,还有北京图书馆曾推出的《中国古代重要著作选目》,一直到90年代包括武汉大学、北京大学、清华大学在内的高校给学生开具的书目。推荐书目繁多,书目中都包含了相当一部分的中国传统经典,但在选目过程中,难免由于受到各方面因素影响,存在不尽如人意的地方。对此,图书馆可以通过邀请专家学者参与选目过程,在大量现有书目的基础上根据现实需求进行甄别遴选,给读者提供一份更切合当下时代背景的推荐书目。

2.2.3 创办经典阅读刊物

在发布经典阅读书目的基础上,图书馆可以辅以编撰内部刊物的方式,深入经典阅读推荐书目指导。图书馆可以围绕本身已经发布的经典阅读推荐书目,对刊物中所涉及的内容做多样化编排。以深圳图书馆《行走南书房》阅读交流刊物为例,杂志立足于本年度发布的《深圳图书馆南书房家庭阅读经典书目》,设置了"经典讲坛""名人谈阅""经典重现""经典品读""馆员书评"等特色栏目,其中的"馆员评书"栏目由深圳图书馆馆员供稿,通过馆员带头阅读图书馆发布的经典书目、撰写书评,从而给读者提供更贴近当地读者所思所想的阅读指导。除了图书馆员带头阅读经典推荐书目、撰写刊载书评书话这一有益的尝试,图书馆还可以在刊物中细化推荐每一部著作的优秀版本,选取作者生平、著作内容、名家推介等关键性内容进行导读提要等等。现有许多图书馆虽然受条件等因素限制还未能设立经典阅览室,但是都有编撰阅读推广相关的内部刊物,放在阅览室供读者任意取阅。

2.2.4 举办经典阅读活动

深圳图书馆以"南书房"经典阅览室为平台载体,每周举办"深圳学人·南书房夜话"沙龙,以学科为依托,以深圳本土学人为主体,以现实问题为切入点,选择传统文化作为话题,搭建当地学者与大众之间的沟通桥梁[18]。此外,深圳图书馆还举办了包括主题征文、主题展览、专题讲座在内多样化的阅读活动[19]。沧州图书馆"遇书房·经典阅览室"迄今已推出"国学讲读""中华传统文化大讲堂""遇鉴"读书沙龙、"经典读书班""经典导读课"等系列阅读活动[20]。南京图书馆的国学馆,每周定期开展国学经典阅读系列讲座、举办国学经典书目推荐与展览活动,注重营造国学经典阅读氛围,深化丰富读者阅读感受[21]。

除了以上列举的现有图书馆所举办的经典阅读活动之外,图书馆可以通过选取某一位作者的诞辰纪念日亦或是经典阅读相关的重要时间点,将有关著作加以展示陈列,强化读者的认知与兴趣。图书馆还可以围绕某一本经典著作开展渐进式阅读活动,在引导读者阅读传统经典原著的同时,提供优秀释义版本辅助读者理解,提供与著作有关的研究书目加深读者了解,而这些书目又进一步成为经典阅览室经典书目的更新与补充。

3 图书馆经典阅览室的发展方向

伴随着全媒互融时代背景下移动数字阅读的发展,图书馆悄然发生了很大的变化。一方面体现在图书馆员从指导读者阅读向鼓励读者阅读职能的转变,图书馆员开始担负起阅读推广人的责任,不再局限于图书馆中的一名指导人员。另一方面体现在图书馆角色的转变,图书馆走向社会承担起社会教育的职责,而经典阅览室的建设在这个转向过程中起着十分重要的作用。如今,全民阅读向纵深发展,但现有图书馆的数量极其有限,图书馆所承担的职能也是有限的,这就对图书馆合理规划布局提出了更高的要求。从成本角度来说,经典阅览室设立所需要的空间成本、物力成本、人力成本较低:其一,对于现有的多数图书馆来讲,开辟一块小则两三百平米的空间增设一个阅览室不至成为其负担;其二,经典著作作为一个图书馆的基本馆藏,不存在额外增加图书馆大量购书成本的情况;其三,经典阅览室中无需馆员值守也在无形中减少了配备工作人员的成本。所以建设经典阅览室具有其可行性。对于那些碍于实际条件无法建立经典阅览室的图书馆,从尝试设置经典书架开始,引导读者阅读经典,也不失为一种有益的方式。

"今天,我们阅读,阅读传统经典,不仅是为了获取知识,也是为了一个悠久文化的传承与发展"[22]。目前,经典阅览室建设逐渐受到了学术界的重视,也受到了图书馆界的重视,越来越多的图书馆开始设立经典阅览室,通过空间营建、阅读指导,拉近大众与经典的距离,推动构建家庭藏书,培养大众深入理解、独立思考的"深阅读",提升人文素养,这对于提升全民素质、启发全民智慧、传承与发展中国文化意义深远。

(2020年7月)

参考文献:

[1]王光明.著名学者王余光教授:建议图书馆设"经典阅览室"[N].深圳商报,2008-04-24(C02)

[2]王余光.阅读,与经典同行[N].光明日报,2009-04-30(10)

[3][10]王余光,王媛.高校图书馆设立经典阅览室与经典教育[J].大学图书情报学刊,2014,32(6):5-10

[4]刘彬.第十六次全国国民阅读调查结果公布:数字化阅读方式的接触率为76.2%,纸质阅读率增长放缓[N].光明日报,2019-04-19(9)

[5]赵光霞,宋心蕊.2018年全国新闻出版业基本情况[N/OL].中国新闻出版广电报,(2019-08-29)[2020-03-05]. http://media.people.com.cn/n1/2019/0829/c40606-31325579.html

[6]李西宁,张岩.图书馆经典阅读推广[M].北京:朝华出版社,2015:21

[7]张岩.图书馆家庭阅读推广[M].北京:朝华出版社,2017:21

[8]邓咏秋,李天英.中外推荐书目一百种[M].西安:陕西师范大学出版社,2001:1-7

[9]朱自清.经典常谈[M].北京:中华书局,2009

[11]吴楚材,吴调侯.古文观止[M].邓启铜,钟良,注释.南京:南京大学出版社,2014

[12]吴楚材,吴调侯.精校评注古文观止[M].王文濡,校勘.北京:中华书局,2018

[13]肖东发,杨虎.中国图书史十讲插图本[M].北京:国家图书馆出版社,2015:398-401

[14]张岩.推广家庭阅读,传承家庭文化[J].图书与情报,2017

(2):1-5

[15]韩婷澎,张喜艳.龙江书院发布《家庭经典阅读书目(2017)》[N/OL].人民网,(2017-09-28)[2020-03-05].http://hlj.people.com.cn/n2/2017/0928/c220024-30789212.html

[16]沧州图书馆.遇见经典——2018狮城读书月推荐书目发布[EB/OL].[2020-03-12].http://www.czlib.com.cn/contents/294/3277.html

[17]聂灿.南书房家庭阅读书目确定将于"4·23世界读书日对外发布"[N/OL].深圳商报,2019-03-11(A07)

[18]张岩.从经典阅读到返本开新的文化建设——以深圳图书馆"南书房"经典阅读空间为例[J].图书馆论坛,2016(1):61-66

[19]深圳图书馆.《图书馆报》:深圳图书馆:行走"南书房"[EB/OL].(2015-09-18)[2020-03-12].https://www.szlib.org.cn/article/view/id-27231.html

[20]田恬.公共图书馆:让更多人爱上阅读[N/OL].河北新闻,(2018-06-13)[2020-03-05].http://hebei.hebnews.cn/2018-06/13/content_6916583.htm

[21]袁莉莉.文化自信视域下公共图书馆国学经典阅读推广研究——以南京图书馆国学馆为例[J].图书馆学刊,2019,41(6):80-84

[22]王余光.名著的阅读[M].云南:云南人民出版社,2001:63

书外賸语:《阅读推广人系列教材》的编纂

王余光

由中国图书馆学会主持编写,2015年底出版面世的《阅读推广人系列教材》六册,是中图学会"阅读推广人培育行动计划"的一部分。

自2005年中图学会设立科普与阅读指导委员会(2009年更名为"阅读推广委员会")以来,各级各类图书馆逐步重视开展阅读推广活动,并取得了相当丰硕的成果。在阅读推广过程中,很多图书馆也面临不少问题,其中没有适合从事阅读推广的馆员是一大突出矛盾,而这对图书馆阅读推广活动能否持续、有效、创新性地开展,将产生重要的影响。

有鉴于此,中图学会阅读推广委员会于2013年7月在浙江绍兴县图书馆举办了"首届全国阅读推广高峰论坛"。创办这一论坛的任务是为图书馆界免费培训阅读推广人,造就一支理念新、专业强、技能高的阅读推广人才队伍。首届论坛获得了图书馆界同仁极高的好评。此后的2014至2015年两年里,中图学会阅读推广委员会又在常熟、石家庄、镇江、成都、临沂连续组织了五届免费培训,都取得了良好效果。

在绍兴举办首届阅读推广人培训活动之后,中图学会阅读推广委员会便着手考虑培训的专业化与系统性问题,以便更好地将阅读推广人培训工作推进下去。2014年,我受中图学会的委托,为中图学会阅读推广委员会编写了《培育阅读推广人行动计划(草案)》。7月24日,中图学会阅读推广委员会在东莞图书馆组织了一次小范围座谈,出席者为主任吴晞、副主任李东来、秘书长窦英杰,还有姚伯岳老师与我。经集体讨论,我对该草案作了调整,随后以电子邮件方式发给霍瑞娟、汤更生、邱冠华、李东来、徐雁、王媛等征求意见。我再在参考大家意见基础上修改成型,正式提交中图学会。同年9月19日,中图学会秘书长霍瑞娟在苏州图书馆召开《培育阅读推广人行动计划(草案)》座谈会,汪东波、吴晞、邱冠华、徐雁、李东来、李向东与我等与会。在此次讨论后,我又对《草案》作了第三次修改。

《培育阅读推广人行动计划(草案)》分四个部分:前言、培训课程体系与教材、专家组织、考核与能力证书授予等。我在"前言"中写道:

"阅读推广人"是具有一定资质,可以开展阅读指导、提升读者阅读兴趣和阅读能力的专业与业余人士。

全民阅读、阅读推广,是立足中国文化、提高中华民族素质与竞争力的重要举措,近两年来受到政府与社会的广泛关注。为了推动全民阅读工作规范有效开展,培训"阅读推广人"则是十分重要与必要的,也是很多机构,如学校、图书馆、大型企业、宣传部门十分需要的。

中国图书馆学会长期以来开展阅读推广活动,积累了丰富的经验,并拥有一批该领域的专家学者,从事全民阅读与阅读推广研究,他们承担课题或从事教育培训,取得了一定的成果。为进一步开展"阅读推广人"的培训、资格认证提供了重要的基础。作为以促进全民阅读,为读者终身学习提供保障为目标和社会责任的图书馆,应当成为阅读推广人培养与成长的摇篮。

中国图书馆学会为了更好地帮助图书馆、学校、大型企业、宣传部门等机构开展阅读推广工作,将阅读推广人培训作为自己一项长期工作。为了培训工作更好与规范地开展,特制定《培育阅读推广人行动计划》。参加培训的学员,通过一定的考核,中国图书馆学会将受授予学员"阅读推广人"资格证书。

2014年12月11日,中图学会阅读推广委员会举办的"全民阅读推广峰会暨阅读推广人培育行动启动仪式"在常熟图书馆召开,阅读推广人培育工作正式启动。

在阅读推广人培育行动中,教材的编写成为首要任务。《培育阅读推广人行动计划(草案)》培训课程体系与教材中,提出了首批计划编写教材6种:《图书馆阅读推广基础理论》、《图书馆阅读推广基础工作》、《图书馆儿童阅读推广》、《图书馆经典阅读推广》《图书馆数字阅读推广》《图书馆时尚阅读推广》。为了更好地编写这套教材，我对各册内容作了基础设计，提出每册教材要配置8至10个主题。

2015年1月9日，中图学会就《阅读推广人系列教材》召开了出版协作会，我与霍瑞娟等中图学会秘书处人员，并有朝华出版社承担出版任务的人员参加。会上确定了出版形式、出版合同等具体事宜，同时也为随后的教材编写会议作了准备。

2月4日，中国图书馆学会"阅读推广人培育行动"教材编写会议在深圳图书馆召开，应邀出席编写会议的主要为这6册教材的主编或副主编，有吴晞、邱冠华、李东来、李俊国、张岩、李西宁、王媛、王丽丽、许欢、李世娟等，我作为系列教材的总主编之一也参加了会议。中图学会秘书长霍瑞娟介绍了"阅读推广人"培育行动项目进展，我介绍了"阅读推广人"培育系列教材的前期准备工作，还与各位主编讨论了教材体系、体例、内容和编写安排、进度等。此次会议后，各册主编们组织了几十位作者，开始了十余月的紧张编撰努力。至2015年12月，首批6册教材由北京朝华出版社顺利出版。

《阅读推广人系列教材》首辑六种推出后，还计划推出《阅读推广人系列教材》第二辑，预定为《图书馆绘本阅读推广》《图书馆大学生阅读推广》《图书馆家庭阅读推广》《图书馆图书评论工作》《图书馆阅读讲坛工作》和《中国阅读的历史与传统》等6种。

就我所知,这套《阅读推广人系列教材》是国内首套阅读推广人系列教材。由于没有相关的专业著述可供参考,教材可能存在一些缺憾。我想在今后使用过程中,对发现的问题与存在的不足,将会在再版时作进一步的修订与完善。我也相信,这套教材的问世,对中国阅读推广人的培育将发挥出积极的推动作用。

（2016年1月）

阅读与图书馆阅读推广
——《阅读推广人系列教材（第二辑）》出版引言

王余光

2014年底，中国图书馆学会启动阅读推广人培育行动，2015年底，《阅读推广人系列教材》第一辑由北京朝华出版社出版。第一辑包括6本教材：

《图书馆阅读推广基础理论》吴晞主编

《图书馆阅读推广基础工作》邱冠华、金德政主编

《图书馆儿童阅读推广》李俊国主编

《图书馆经典阅读推广》李西宁、张岩主编

《图书馆数字阅读推广》李东来主编

《图书馆时尚阅读推广》王波主编

第一辑教材出版后，《图书馆杂志》于2016年第4期做了一期专栏："继往开来赋新篇——《阅读推广人系列教材》编撰工作笔谈"，我作为这套教材的总主编之一，撰写了一篇小文《书外赘语：〈阅读推广人系列教材〉的编纂》，对阅读推广人培育计划及《阅读推广人系列教材》第一辑的编纂目的、过程等作了说明。

2016年初,中图学会启动《阅读推广人系列教材》第二辑编纂工作。同年3月3日,在东莞召开主编会,参加会议的有吴晞、李东来、邱冠华、徐雁、王新才、张岩等。我在会上对本辑的选题、主题及作者情况作了通报。此次会议后,各位主编、作者经过1年多时间的努力,完成了教材编写工作。至2017年6月,《阅读推广人系列教材》第二辑仍由朝华出版社出版。第二辑包括6本教材:

《图书馆绘本阅读推广》李世娟、李东来主编

《大学图书馆阅读推广》王新才主编

《图书馆家庭阅读推广》张岩主编

《中国阅读的历史与传统》熊静、何官峰著

《图书馆图书评论工作》徐雁、钱军主编

《图书馆阅读讲坛工作》邱冠华主编

随着我国图书馆阅读推广的深入开展,学界的研究工作也在跟进。基于对读者、文本与阅读文化的认识,及对图书馆阅读推广工作的理解,对阅读推广下一步所做的工作范围可以分为以下几方面:

(1)阅读推广的基础理论与基础工作的研究,作为阅读推广人的基础理论素养及基本工作概况。本系列教材中《图书馆阅读推广基础理论》、《图书馆阅读推广基础工作》两种,即是对上述内容的阐述。

(2)阅读推广的传统与思想。如传统文化、阅读文化、图书馆

史、图书变迁、藏书的历史与传统、阅读的历史与传统、书院与阅读推广、地域文化与图书馆阅读推广等。本系列教材中《中国阅读的历史与传统》即是其中的一种。其他领域还有待研究。

（3）阅读推广的政策与方法。如阅读政策与图书馆阅读推广、读书方法与阅读推广、国外图书馆阅读推广、推荐书目与阅读推广、图书馆空间设计与阅读推广、总分馆与阅读推广、图书馆文创与阅读推广、真人图书馆与阅读推广、图书评论工作、阅读讲坛工作与阅读推广。本系列教材中的《图书馆图书评论工作》、《图书馆阅读讲坛工作》即是已列入的2部。近年来，中央政府在图书馆立法及阅读促进工作等方面，推出了一些法规与条例。某些地方政府也根据本地区特点，制定了阅读促进条例。这些政策法规对阅读推广工作起到了促进作用。同时，各图书馆在阅读推广中，有许多创新，这些方法值得研究者关注与总结。

（4）社会环境与阅读推广。如新媒体、学校、机关、出版业、书店、读书会、志愿者、家庭、社区与乡村与阅读推广。本系列教材中《图书馆家庭阅读推广》即是已列入其中的1部。

（5）人群。军人、大学生、中小学生、儿童、残疾人的心理健康与阅读推广等。本系列教材中《大学图书馆阅读推广》即是已列入的1部。

（6）读物。如经典、绘本、科普、时尚、民族文献、乡邦文献等。本系列教材中《图书馆经典阅读推广》《图书馆数字阅读推广》《图书馆时尚阅读推广》《图书馆绘本阅读推广》即是已列入的4部。

有鉴于此,阅读推广人的培育及教材编写仍然任重而道远。

（2017年10月）

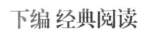

下编 经典阅读

近二十年来中国传统经典推荐书目综论

熊 静 王丽丽

我国是一个有着悠久推荐书目传统的国家,虽然学界对于推荐书目的起源时间尚有争议[1],但自先秦以来,古代教育文献中关于书目推荐和阅读指导的内容俯拾皆是,是不争的事实,其对中华民族阅读传统与书香家风的形成起到了重要的推动作用。推荐书目自身特性决定了经典著作是此类书目的主要内容,知识启蒙是此类书目的主要目的。推荐书目的价值历来受到学者的重视,清末张之洞的《书目答问》是古代推荐书目的巅峰之作,在文化史上产生了重要影响。20世纪20年代,伴随"整理国故"运动,一场围绕着"中国书应不应该读?""应该读哪些中国书?"的争论勃然兴起[2],众多知名学者、青年偶像参与其中,引起了巨大的社会反响,"国学推荐书目"就是其中最重要的论战工具。应当说,对于国人而言,推荐书目既是一种"情结",是我们优秀文化传统的重要组成部分,更是一种经过时间检验的、行之有效的阅读促进手段。21世纪以来,社会阅读环境发生剧烈变革,读者的阅读行为、阅读习惯、阅读需求都展现出新的时代特征,随着全民阅读工作的持续推进,公众对高质量阅读内容的需求愈发迫切,给包括各级各类图书馆在内的广大阅读推广工作者提出了更高的要求[3]。以经典推荐书目为基础搭建高质量的阅读推广内容供给体系,是一条提高阅读质量、提升阅读推广服务水平的可行途径,理应受到理论和实践界的共同重视。对近20年来中国传统经典推荐书目的发展历程,主要类型、特征的回顾,有助于我们更好地把握经典推荐书目的发展现状,在此基础上,提出符合时代需求的书目工作建议。

1 中国传统经典推荐书目的概念及其研究现状

1.1 概念和范围

推荐书目是1949年后才出现的新名词,又被称为"初学书目""选读书目""导读书目""举要书目""选读书目"等。关于其定义,学者的表述略有差异[4-5],但都指向推荐书目的两个基本特征:导读作用和书目功能。前者是推荐书目的根本价值,为目标受众提供阅读方面的指导和建议,满足特定人群的阅读需求;后者则指向推荐书目的本质属性,推荐书目是一种特殊形态的书目,也应具有揭示图书内容,为读者检索提供便利的一般功能。从编制主体的角度来看,推荐书目又具有思想性和时代性的特点[6],也就是,推荐书目的内容和质量高度依赖于编制者的思想、学识水平,并受时代观念的限制。本文采用邱冠华等人的定义:推荐书目,是指为了满足特定人群的某种学习或阅读需要而开列的一个阅读书单,通常包括一系列图书的书名、作者、版本、提要或推荐理由等信息,在最前面往往还有简明的导语或序言[7]。

相比推荐书目,定义经典更加困难。一般来说,按照受众差异,经典可分为专业经典和大众经典两大类,与之对应,推荐书目也可分为专科推荐书目和综合推荐书目。专业经典大多与学术研究关联,对普通民众的阅读影响不大,因此,我们这里讨论的经典,主要是指大众经典,即那些在漫长的历史维度中,具有重要影响的、经久不衰的著作,同时符合影响力、时间性、广泛性三方面的标准[8]。中国传统经典,是指我国历史上古代语言文字撰写或通过口述流传下来的经典作品。综上,中国传统经典推荐书目,就是面向读者群体开列的、由中国传统经典构成的阅读书单,其可以是专门书目,也可以是从完整书目中截取的传统经典部分。

1.2 中国传统经典推荐书目的研究现状

传统是与现代对应的词汇,在近代社会以前,并不存在"传统经典推荐书目"的概念。古代的知识体系是以儒家经典为核心构建的,"尊经崇圣"的传统根深蒂固,举凡推荐书目,推荐内容有难易、多少之分,但择书的基本范围是一致的。近代以来西学东渐,为了谋求救亡图存之道,各种新学、西学书目大量出现,起到思想启蒙作用的同时,承担了推荐书目的功能。至20世纪以后,一批精英知识分子开始系统思考近代中国学术的发展脉络,进而重新审视"中学"与"西学"之间的关系，希望通过"输入学理，整理国故"，达到"再造文明"的目的[9]。与之对应，"国学"的概念被提出，指那些专门研究中国一切过去的历史文化的学问[10]，"国学热"随之兴起。前述"国学书目"之争，就是这场运动的"副产品"，"国学书目"其实就是我们这里所说的"中国传统经典书目"。此后，被时代的洪流裹挟，中国社会对于"传统经典"的态度屡经反转，经典推荐书目的命运也随之几经沉浮。21世纪后，在大力弘扬优秀传统文化的时代语境下，中国传统经典的价值与意义被重新"发现"，得到了其应有的历史地位，亦再次掀起了一场开列"国学/中国传统经典推荐书目"的浪潮。

目前学界对传统经典推荐书目的研究，大多集中在20世纪这个时间段，特别是围绕上世纪20年代的"国学书目"之争，从推荐书目史和学术史的双重维度进行了深入的讨论。王友富（1999）将20世纪的导读书目分为：国学书目兴盛时期、推荐书目发展时期和导读书目创造性转化时期三个阶段，认为"中西文化的冲突和交融"是20世纪导读书目发展的内在动力[11]。在对20世纪20年代"国学推荐书目"之争背后的原因进行分析时，学者们同样注意到了社会文化背景对于推荐书目的影响，如徐雁平对该事件的解读，便是与"国故整理""新式教育""启蒙救亡"等问题关联起来的[12]。张越则聚焦整理国故运动中的"胡梁之争"，认为开列书目的差异，体现了胡梁二人文化史观的根本差异[13]。罗志田撰写长文系统分析了"国学书目"之争中各方的观点后，认为关于"国学书目"的论争，折射了民国初年科学与国学之间的"紧张关系"，体现了"新派人物"试图弥合"科学"与"国学"的努力[14]。

20世纪推荐书目史及书目内容的研究，成果更为丰硕。单部书目中，最受重视的仍是胡梁二人为清华学子开列的两种国学书目[15]。此外，1925年《京报副刊》的"二大征求"活动同样引起了学界的关注[16]。其他后世影响较大的国学经典书目尚有朱自清《经典常谈》、钱穆的《文史书目举要》等，限于篇幅，不再一一列举。而在纵贯式研究方面，尤其值得注意的是王余光教授及其团队的系列工作。《名著的选择》[17]第二部分"书的选择与名著排行榜"，对20世纪中外经典推荐书目进行了统计分析，分"中外名著"罗列了诸家书目中排名靠前的作品。《中外推荐书目一百种》[18]收录了中国现当代名家导读书目43种，其中的绝大部分属于传统经典推荐书目。王余光教授在对20世纪中国经典导读书目的发展情况进行介绍后，将这些书目所收著作归纳为八类，认为从经典推荐情况来看，体现了两方面的特征：一类经典拥有持续的生命力；而另一类经典则随时代的变化而变化，经典推荐书目也折射出传统经典阅读倾向的发展变化[19]。

以上我们简要回顾了学界关于中国传统经典推荐书目的主要研究成果。应当说，中国传统经典推荐书目的诞生与发展，是与中国社会和学术事业的近代化密不可分的，一定时期内人们关于传统经典的认知、社会观念、人文思潮都会对此类书目产生重要影响。而作为一种导读书目,传统经典推荐书目的内容又反过来受到读者阅读能力、习惯的制约。比如,国学书目中推荐的诗文集,20世纪前期大多为李白、杜甫、白居易等人的专集;而到了20世纪后半期,《古文观止》《唐诗三百首》等选集更为常见,此类作品在古代属于启蒙读物。近代以来,随着白话文的推行,国人的古文阅读能力明显下降,古代的启蒙读物便成为推荐书目中的"常客",这就是读者阅读能力影响书目内容的例证。前人的研究较为深刻地揭示了中国传统经典推荐书目的上述两个特点,为我们理解21世纪以来中国传统经典推荐书目的时代特征提供了思想工具。

按照不同标准,推荐书目可被分为不同的类型,如按主题分为专门性和综合性书目,按推荐者可分为个人书目和机构书目等。为了凸显中国传统经典推荐书目的导读特征,在这里,我们采用受众群体作为划分标准,将其分为分众型和大众型两类,分类介绍其近20年来的主要形态和代表书目。

2 近20年来分众中国传统经典推荐书目的类型

分众,本是一个传播学概念,指对目标群体的细分[20]。近年来,随着阅读推广工作走向深化,分众阅读、分众阅读指导的观念日益深入人心[21]。根据受众群体的不同特征,开列满足其特定阅读需求的书目,也成为了推荐书目的趋势。而对中国传统经典推荐书目来说,出于文化传承的使命,学生是推荐者首要关注的细分对象。

2.1 中小学生中国传统经典推荐书目

2.1.1 语文教材中的中国传统经典篇目

语文教材是中小学生走进中国古代经典的第一扇门。近年来,教育部采取多项措施,不断加大中华优秀传统文化在各级各类教材中的比重,明确规定"课内阅读篇目中,中国古代优秀作品应占1/2"[22]。教材中的中国经典篇目,对于义务教育阶段的学生来说,具有重要的导向意义。由于目前中学教材改革正在推进,版本较为庞杂,统计难度较大。在这里我们选择了近20年来较有影响力的各版本小学语文教材进行篇目统计。

用作统计的四版代表性教材如下:2001年江苏教育出版社小学语文教材(以下简称苏教版);2005年语文出版社和十二省小学语文教材委员会共编版小学语文教材(以下简称语文社版);2006年人教版小学语文教材(以下简称人教版);2017年部编版小学语文教材(以下简称部编版)。

根据对上述四种教材的统计,所收中国古代经典篇目可分为六大类:①古典诗词:以唐诗、宋词为主,乐府、叙事长歌为辅。②儒家经典:以《诗经》《论语》《孟子》为代表。③先秦诸子:《荀子》《列子》《吕氏春秋》《淮南子》《韩非子》《战国策》等均有所涉及。④史书,以《汉书》《史记》《三国志》的选篇为主。⑤古代小说及故事、传说。四部教材基本都摘选了四大名著中的两种以上,此外,《儒林外史》《封神演义》亦偶有入选。入选的成语故事、民间传说数量则更为可观。⑥其他:除上述几类外,《三字经》《历代名画记》《世说新语》《山海经》等书入选次数也较多。

对中国传统经典在教材总篇目中的占比进行统计,人教版为18.1%;苏教版为24.3%;语文社版为41%;部编版为38%。目前,部编版小学语文教材已在全国推行,相比十余年前的几种教材,部编版的传统经典篇目数量有较为明显的提升,显示了当前基础教育领域对本国传统经典阅读能力重视程度越来越高。对篇目入选频次的统计分析,如图1所示。

图1 四版小学语文教材经典篇目入选频次统计①

由图1可知,诗词在小学传统经典篇目中占据了绝对的比例,这也符合少年儿童阅读习惯和能力的要求。诗词等韵文朗朗上口,内容有深有浅,适合各年龄阶段阅读。作为国学启蒙读物,则可在培养语感,建立兴趣的基础上,不断提高古代汉语阅读能力,为之后的大体量阅读打下基础。此外,小学阶段的经典阅读篇目,大多节选自故事性较强的著作。因此,相比《论语》《诗经》《老子》《庄子》等公认的思想经典,四大名著、《史记》等以叙事为主的作品入选频次明显高出一等。张彦远的《历代名画记》,是艺术史经典著作,该书的出现频率也较高,但其实都是同一故事——《画龙点睛》入选,也符合故事性强的特点。

2.1.2 少年儿童中国经典阅读书系的收录篇目

教材中的传统经典,只能以单篇、节选的形式入选,以少年儿童为对象推出的经典阅读书系,是课内阅读的重要补充,其目录亦可起到推荐书目的作用。通过对主要购书网站的检索,本文选择了2010—2019年间出版的销量较高的9种丛书进行分析。其具体名目如下:《儿童经典诵读丛书》(凤凰出版社,2010)、《国学经典书系》(东南大学出版社,2013)、《国学经典必修课》(北方妇女儿童出版社,2015)、《小学国学经典教育读本》(黑龙江美术出版社,2016)、《中华少年经典阅读书系》(武汉大学出版社,2016)、《国学经典诵读本》(团结出版社,2017)、《中华国学经典》(开明出版社,2018)、《中华经典启蒙国学》(广东旅游出版社,2019)、《国学启蒙经典丛书》(世界图书出版公司,2019)。经过统计,各类书籍入选频次如图2所示。

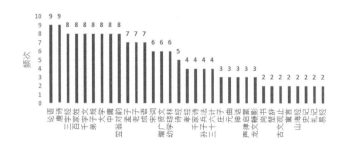

图2 9种少儿国学经典丛书书目入选频次统计②

可见,《论语》和唐诗是丛书编者心目中,少年儿童最应阅读的传统经典。其他入选频次较高的书籍主要有:古代启蒙类读物,如《三字经》《百家姓》《千字文》《笠翁对韵》等;儒家经典,以《大学》《中庸》《孟子》为代表,需要注意的是,这几种儒家经典,在古代社会亦属入门读物,说明编者在选择书目时,是考虑过入选书目的适应性的。但是,总体看来,入选书目的阅读难度较大,比如《论语》,虽然其经典的地位毋庸置疑,但是否适合6~18岁的少年儿童阅读? 是需要推荐者慎重思考的问题。

2.2 大学生中国传统经典推荐书目

大学生是经典教育的重点对象,上世纪20年代的国学书目之争,起因就是为清华学生开列书目。当前,高校图书馆作为学校文献情报中心,也是校园阅读推广的主力军,为了保证调研数据的代表性,本文选择了42所"双一流"高校图书馆作为入口,对其官网、微信、微博等平台公布、整理的大学生经典推荐书目进行了收集、分析。

调查显示,所有的"双一流"高校都有一定的推荐书目资源,但丰富程度存在较大差异。经过筛选,符合本文中国传统经典推荐书目定义的书目基本情况如表1所示。

表1"双一流"高校推荐书目基本情况一览表

序号	推荐书目名称	推荐者	推荐对象	收书数量
1.	兰州大学:全国大学生经典阅读征文荐书榜(2016)	大学生阅读专业委员会与武汉大学图书馆联合承办	大学生	100
2.	武大老师推荐书目	武汉大学文史信管三院的老师	大学生	17
3.	武汉大学:2014-2015阅读年度校园读物推广好书榜	中国阅读学研究会	武大教师和大学生	36
4.	武汉大学:《大学生常见心理困扰对症书目》	中国图书馆学会阅读推广委员会阅读与心理健康分委员会	大学生	95
5.	北京师范大学专家推荐书目	北京师范大学邀请的专家学者	大学生	119

在对上述书目的推荐者信息进行汇总分析后发现,高校教师占比最高,其次为科研院所的学者,其他主体有新闻媒体、图书馆员等。概言之,大学生经典推荐书目,因对专业程度要求较高,且高校本身有丰富的学者资源,因此,以大学教授、研究人员推荐为主。再结合推荐主体的专业背景,351位身份可考的推荐者,出身文科专业的有204人,占比58%;理工类专业147人,占比42%。结合我们对推荐书目内容的统计,在面向全体学生开列的推荐书单中,书目内容以人文经典为主,可见,不同学科背景的推荐者,在大学生的基础阅读内容方面是有一定共识的。

最后,我们对上述书目中图书被推荐频次进行了统计,其中如"北京大学教授推荐阅读——对我最有影响的几本书"这类书目汇编,每位学者开列的书单均单独计次。根据统计结果,中国传统经典中排在前17位的作品如表2所示。

表2 大学生推荐书目推荐频次大于2的中国传统经典著作[③]

序号	书名	作者	推荐频次/次	图书类别
1.	论语	(先秦)孔丘	25	哲学
2.	红楼梦	(清)曹雪芹	22	文学
3.	史记	(汉)司马迁	16	历史
4.	三国演义	(明)罗贯中	12	文学
5.	庄子	(先秦)庄周	9	文学
6.	古文观止	(清)吴楚材、吴调侯	8	语言
7.	论语译注	杨伯峻	8	哲学
8.	道德经	(春秋)老子	7	哲学
9.	唐诗三百首	(清)蘅塘退士	7	文学
10.	水浒传	(元末明初)施耐庵	5	文学
11.	孙子兵法	(先秦)孙武	5	军事
12.	资治通鉴	(宋)司马光	4	历史
13.	西游记	(明)吴承恩	3	文学

14.	宋词三百首	(民国)上彊村民	3	文学
15.	楚辞	(先秦)屈原	2	文学
16.	儒林外史	(清)吴敬梓	2	文学
17.	文史通义	(清)章学诚	2	历史

表2结果显示,与中小学经典推荐书目相比,推荐给大学生的中国传统经典,难度有明显的提升,且以全本阅读为主。从类别上看,思想、文学、史学书籍受到推荐者的普遍青睐。《论语》实际上出现了两次,杨伯峻先生的《论语》注本,被公认为近代校注《论语》最精最善者,这提示我们经典推荐书目版本著录的重要性。流传至今的古代典籍,时间越久远,版本系统越复杂,普通读者并不具备区别诸本、筛选善本的专业知识,这就要求推荐书目能够提供这方面的信息,才能真正起到阅读指导的作用。

为了考察大学生经典推荐书目的实际推广效果,我们使用25所"双一流"高校图书馆2017—2018年度借阅排行榜进行对比分析。经汇总统计,2017年借阅排行榜上榜频次排名前十的图书为:《平凡的世界》《明朝那些事儿》《三体》《大秦帝国》《射雕英雄传》《嫌疑人X的献身》《银河帝国》《万历十五年》《人类简史》《冰与火之歌》。2018年排名前十的图书为:《平凡的世界》《明朝那些事儿》《天龙八部》《活着》《三体》《习近平的七年知青岁月》《许三观卖血记》《理想国》《1Q84》《巨人的陨落》。可见,当代大学生的阅读兴趣集中在当代文学方面,且与前述推荐书目统计中的高频被荐图书几乎没有重合。用借阅排行榜来反映读者的阅读喜好显然是不够严密的,因为借走的书不一定读,图书馆也不是当代学生获取文献的唯一渠道。但是,推荐书目和借阅排行榜的图书内容出现如此巨大的"错位",从一定程度上说明,当前的大学生经典推荐书目,在阅读导向方面并没有起到足够的作用。

3 近20年来大众中国传统经典推荐书目的类型

面向大众的中国传统经典推荐书目,即不严格区分对象群体,以全体公众为目标受众的书目。

3.1 面向公众的中国传统经典推荐书目

新世纪以来,社会各界对于传统文化的兴趣被重新"点燃",在社会阅读需求刺激下,冠以"国学经典""传统经典"之名的推荐书目层出不穷。参与主体之广泛,书目数量之多,传播形式之多样,都不免令人"目眩神迷",因此,从数量对其进行精确统计是十分困难的。这里我们按照传播方式将其划分为出版型和网络型两类,择要进行介绍。

3.1.1 中国传统经典推荐书目出版物

世纪之交,为了应对社会阅读环境的变革,王余光等人组织编撰了《世纪阅读文库》,其中一本就是《北京大学教授推荐我最喜爱的书》。该书邀请50位北京大学教授开列书单，编者对书目推荐频次进行了统计，其中中国经典著作排名前十位的是：唐诗、《红楼梦》、鲁迅的作品、《史记》、《论语》、《庄子》、毛泽东的著作、《孟子》、宋诗词、陶渊明诗[23]。其中，传统人文经典占据了绝对的比例，足以证明其在华夏文明进程中的重要性。

2002年，黄秀文选编《智者阅读：中外名报名刊名家的推荐书目》（华东师大出版社，2002），精选中、美、法、俄、澳等国名报、名刊、名家推荐的书目数百种，其中中国部分涉及大量传统经典。附录收录各种"影响"书目，如《塑造中华文明的200本书》等，其性质亦类似于推荐书目。

2007年，中图学会科普与阅读指导委员会组织编写了《书与阅读文库》，其中《读书人家》《爱上阅读》《青春好读书》《小小读书郎》等，均为针对不同阅读人群的推荐书目或书目汇编。以《读书人家》为例，该书以普通家庭为对象，共选取800余种书籍，分为："经典书架""女性书架""工具书架"等五大类，并为其中的"推荐书目"撰写提要，其余则为"浏览书目"[24]，使本书编排具有很强的层次感。其中，经典书架以中国传统经典为主。

2011年出版的《清华北大教授推荐青年必读书》（致公出版社，2011）基于编者收集来的北大清华教授为学生开列的书单，为每部入选书籍撰写了提要,以便青年观览。其中的中国经典部分,一半以上为国学典籍。

3.1.2 网络平台发布的中国传统经典推荐书目

在进入 21 世纪的第二个十年后,随着信息技术的进步,人们越来越习惯通过移动客户端、新媒体平台来查找和接受信息。推荐书目的发布途径,也从纸媒出版转向了网络渠道。

2014 年,贵阳市借举办第二十四届全国图书交易博览会的契机,组织评选"必读经典图书"活动,该书目与传统推荐书目的不同之处在于,采用了专家初选,市民投票的方式确定最终的入选书目,其中"中国传统经典"被列为单独的一类。评选活动依托活动网站进行,最终的结果也通过网络向全体民众公布。

2017 年,中华书局发布《中华优秀传统文化经典推荐书目》,分语言文学、思想、历史、科技四大类收录传统经典233种,是目前比较权威的国学经典书目[25]。该目是中华书局落实"两办"精神,"让中华传统文化走进书店"的成果,从中亦可见到,各界力量参与经典阅读推广的积极性。

2018 年 9 月 1 日,《人民日报》官微发布《推荐! 20 本经典书目+50 本各学科领域入门书》,其中经典书目部分收入:《史记》《道德经》《孙子兵法》。官方权威媒体的"下场",标志着新媒体作为传统文化传承平台的强势崛起。这也提示我们，要充分利用新媒体的力量，打造经典传承与阅读的平台。

以上我们筛选了一些来源较为权威的网络书目进行介绍。而一般读者更可能遇到的实际情况是，任意使用一种搜索引擎，以"传统经典""国学经典"＋"书目"为关键词，搜索结果都是千万级别的。这些搜索结果，大部分没有注明出处，书目内容也十分粗糙，标题却常常采用"爆款"网文的命名方式，如："某某名家推荐""国学大师某某推荐"之类，事实上内容却高度同质化，不免有误导读者的嫌疑。如何提升质量，是当前网络发布的传统经典推荐书目亟待解决的问题。

3.1.3 经典阅读书系书目

2011年，中国国际广播出版社组织编纂了一套《国学经典导读》，共收录图书38种，是较早推出的一部国学经典丛书。

2014年，中华书局从中国古代典籍中挑选出十种影响最大，最能契合当代读者需求的国学经典，编成《国学十典》，入选书目为：《论语》《大学》《中庸》《孟子》《周易》《诗经》《孝经》《老子》《庄子》《孙子兵法》。2016年，袁行霈等人主编的《中华传统文化经典百篇》(中华书局)出版，该书从历代文体中择取经典篇章，加以注释解读，其中60%为《古文观止》等书未收者。2017年，中华书局依托其发布的推荐书目,从中选择百部最重要的古代经典,将其汇为一编,以《中华优秀传统文化百部经典读本》之名集结出版。中华书局作为我国历史最悠久的出版社之一,长期致力于人文社科经典著作的出版,其他如《中华名著全本全注》《中华国学文库》等,都在读者中有良好的声誉,在文化普及方面起到了很好的作用。

2018年,中信出版社联合香港中华书局,共同推出《中信国学大典》,由饶宗颐领衔两岸三地学者共同选编而成,其中收录文学经典12种,诸子百家14种,历史地理12种。

2016年,国家图书馆负责组织实施的《中华传统文化百部经典》编纂工作正式展开。2017年9月,推出首批十部传统经典导读;2019年2月,第二批5种正式出版。两批图书目录为:《周易》《尚书》《诗经》《论语》《孟子》《老子》《庄子》《管子》《孙子兵法》《史记》《左传》《墨子》《韩非子》《吕氏春秋》《传习录》。该书的编者均为国内相关研究领域造诣深厚的专家,是最新出版的一套质量较高的经典普及读本。

3.2 家庭中国传统经典推荐书目

"耕读传家,诗书继世",是我国古代的家庭价值观的核心。近代以来,随着传统家庭的解体,家庭藏书和阅读风气也在不断淡化。世纪之交,王余光教授在其主编的《读好书文库》(云南人民出版社,1999)中,较早提出重拾书香家风,打造"家庭书架工程"的建议[26]。2012年,家庭期刊集团和中国红十字基金会联合举办"百种中国家庭藏书书目公益推荐活动",邀请王余光、陈平原、梁文道等十位文化名家组成评委会,从150种基础书目和450种延伸阅读书目中,评选出"中国家庭理想藏书推荐书目100种"和"中国家庭理想藏书推荐中国当代文学书目20种"。作为本次评选的主任委员,王余光教授在《重建家庭藏书随想》一文中,系统论述了建设家庭藏书的重要性,并指出"中外经典著作"应当成为家庭藏书的首选[27]。2016年,朱永新主编的《中国父母基础阅读书目》[28],收录基础书目篇30种,推荐书目篇70种,每篇再按照儿童发展类、父母成长类和亲子互动类进行分类编排,也是近年来比较重要的一种专门针对家庭阅读整理的经典推荐书目。

图书馆是全民阅读工作的主阵地、主力军,在针对各细分群体的阅读推广实践中,家庭是图书馆界重点关注的对象之一。2014年,由中图学会阅读推广委员会、推荐书目委员会等联合承办的中图学会年会第七分会场,主题就是"图书馆如何推进家庭阅读"[29],与会专家一致认可,质量优良的家庭阅读推荐书目,是被实践证明的有效的推广方式。2016年,新一届中图学会阅读推广委员会专门增设"图书馆与家庭阅读专业委员会"[30],体现图书馆界在家庭阅读推广方面的广泛共识。

实践层面，2013年，深圳图书馆率先推出以"推广人文阅读、经典阅读、系统阅读、深阅读"为使命的家庭式阅读空间——南书房。依托南书房品牌，于2014年起，开始面向公众逐年发布"南书房家庭经典阅读书目"。于每年"4·23"前后，发布30种家庭经典阅读书目，计划通过十年的时间，达到300种书的规模，以之为基础，鼓励家庭书架建设[31]。按照该目的评选标准，入选中国经典的比例大致为70%，其中又以中国传统经典为主，照顾到家庭阅读的实际需要，该目同时推荐入选图书的版本，以适宜大众阅读的通行本为主，部分书目为"选本"或"译注本"。

2016年，黑龙江省图书馆的文化传承和经典阅读空间——龙江书院正式向读者开放。为了更好地促进经典文献资源建设和阅读，于2016年9月28日，首次发布《家庭经典推荐书目》，迄今已坚持四年。该书目每年向家庭提供一份10本书的书单，供家庭经典文献年度收藏和阅读所用，计划用五年的时间，为"龙江书香家庭打造一个经典文献藏书架，代代相传"[32]。书目内容以中国经典为主，尤其重视中国传统人文经典的宣传推广。

值得注意的是，上述两种具有代表性的图书馆家庭经典推荐书目，都由王余光教授及其科研团队承担书目初选工作，然后再由图书馆组织专家学者、出版界代表，对初选书目进行评选论证,撰写相关说明,最终向社会公众发布的。对图书馆来说,与专家团队合作,充分调动各方力量共同参与,围绕家庭经典阅读打造图书馆品牌,是一种值得继续深入探索的阅读推广新模式。

4 近20年来中国传统经典推荐书目的主要特征和未来展望

以上我们对20年来中国传统经典推荐书目的发展现状进行了回顾。与近百年前相比,今天的中国,社会环境发生了根本性变革。特别是近20年来,随着信息技术的进步,一个媒介融合的新时代已经到来,推荐书目的主体、对象、推荐内容也随之发生了深刻变化。而与近百年前相同的是,在大力弘扬中华民族优秀传统文化的时代强音下,中国古代经典在建立文化自信、传承中华文明方面的作用得到了前所未有的重视,国学书目也因此迎来了又一个"黄金时代"。历史在此仿佛经历了一次循环,而这也再次雄辩的证明:真正的经典,拥有永恒的生命。经典推荐书目,是读者接触经典的主要渠道,也是经典阅读推广的重要形式。随着时代的发展,传统经典推荐书目也应及时总结经验,不断提升书目编制和推荐书目工作水平,以期更好地服务于全民阅读工作。下面,我们将在总结近20年中国传统经典推荐书目主要特征的基础上,对其未来发展进行展望。

4.1 主要特征

首先,推荐主体越来越广泛。上世纪20年代的"国学书目"之争,参与者主要是学者、社会名流,20世纪后半期较有影响力的经典推荐书目,推荐者亦以大学教授为主。这也符合人们对于推荐书目的固有印象,即只有那些知识渊博、学有专攻的耆老名宿才有"资格"开列书单。进入21世纪后,知识传播的扁平化、去中心化趋势日趋明显,在全民阅读工作持续推进的背景下,社会力量参与阅读推广也成为一种新"时尚"[33]。在多重因素的共同作用下,参与传统经典推荐书目编制和相关工作的主体越来越丰富,越来越多元化。目前,较为活跃的参与者包括:政府机构、出版界、新媒体平台运营者,再加上传统的学者、教授,越来越多的主体类型在书目编制过程中发挥作用。一方面,各方力量的参与,使经典推荐书目的传播范围和力度大为提高;另一方面,各行动主体的目标不尽一致,出版社有一定的经济目的,学者推荐大多从学术研究角度出发,客观上也导致了目前经典推荐书目标准不一,质量良莠不齐的局面。

其次,分众推荐的观念日益深入人心。近20年传统经典推荐书目的发展历程显示,细分读者群体,根据不同读者群的阅读能力、阅读需求进行针对性推荐的书目越来越受到欢迎。其中,青少年群体尤其得到推荐者重视。一方面,传统经典天然与人文素养教育、民族文化传承联系在一起;另一方面,青少年处于认识世界的关键阶段,针对其开列的推荐书目往往能够起到更好的效果。但是也应注意到,当前的分众经典推荐书目,虽然冠以"某某"细分群体之名,内容上却"换汤不换药",较少真正展开对目标群体阅读能力、需求的实证研究,开列的书目并不完全具备指导价值和针对性。

第三,新媒体传播手段的广泛应用。近年来,微博、微信、知乎、豆瓣、抖音等新媒体平台不断涌现,受到了民众,特别是青少年的普遍欢迎。在媒介融合的背景下,中国经典推荐书目的传播手段,也从以传统媒体为主转向了传统媒体、新媒体并重的局面,微信、知乎、豆瓣等新平台的加入,对扩大推荐书目影响力和辐射范围,起到了巨大的促进作用。在互联网和移动客户端日益成为人们信息获取主渠道的背景下,如何更好地利用新媒体平台,使之与中国传统经典推荐书目有更精准的结合,起到更好的推广效果,将是未来很长一段时期本领域研究者要着力解决的问题。但是,在充分享受新媒体带来的便捷的同时,我们也应当看到,在信息过载的时代,网络信息鱼龙混杂、泥沙俱下,相比传统媒介,新媒体上发布的信息更难追源溯流,更缺少质量鉴别的有效手段。比如,《人民日报》微信公众号曾发布两篇经典推荐书目《1年级至9年级,100本给孩子看的好书》《这些书,被清华北大川大南大等高校推荐》,由于《人民日报》的权威性,这两种书目在读者群体中产生了较大影响,转发率很高。但是,有学者在对其内容进行了详细解读后,指出了其选目的局限性和不足之处[34]。与传统媒体相比,新媒体传播在广度和速度方面都有明显优势,因此,在经典阅读推广工作中,如何善用其利而减其弊,同样也是值得我们关注的话题。

第四,家庭阅读受到特别重视。中国古有书香家风,家庭是经典传承的重要场所之一。当代社会,人们获取信息的渠道越来越多元,但家庭阅读仍然在养成阅读习惯、培养阅读能力等方面发挥着不可取代的作用。与休闲阅读相比,经典阅读无疑更有难度,更需要氛围的熏陶,而家庭就是经典阅读十分理想的场景。以家庭为单位提供的经典推荐书目,既可满足经济发展后家庭藏书的需求,更可为其提供针对性的阅读指导建议,达到重拾书香家风的目的。当前,家庭经典阅读推荐书目的推动者主要是各级各类公共图书馆,家庭阅读风气的营造尚未得到足够的重视,尚需吸引多方力量的共同参与。

4.2 未来展望

21世纪以来,借"国学热""传统文化热"的东风,中国传统经典推荐书目发展迅速,书目数量众多,类型多样,传播方式发生了根本性变革,对全民阅读、文化传承起到了很好促进的作用。但梳理现状亦可发现,当前中国传统经典推荐书目仍然存在书目质量参差不齐,分众书目针对性不强,编制比较随意等问题。传统经典推荐书目高度依赖于推荐者本人的人文素养,且不同主体开列的推荐书目必然带有其独立的思想印记,这恰恰是推荐书目的可贵之处。因此,从书目编制的角度来说,通过规范编制技术来提升书目质量是可取的,比如可以明确书目的著录项目、提要的撰写要求等。而强求书目内容的统一,甚至人为确立"权威",将诸家书目归于一统则是不可取的,这反而会伤害推荐书目的思想性。而从中国传统经典推荐书目工作的角度来看,作为阅读推广主体,以图书馆为代表的各方力量,应当承担起帮助读者将真正适合其的、高质量的推荐书目筛选出来的责任。以此为目标,从图书馆中国传统经典推荐书目工作的角度,以下几个方面值得注意:

首先,加强推荐书目的基础研究。专家、学者等个体推荐者,在开列推荐书目时,对目标群体阅读能力、阅读需求的把握大多出于主观印象,个人也很难展开大规模的阅读行为和习惯调查。图书馆在这方面具有天然的优势,一直站在读者"面对面"的位置,以读者需求为中心,精准对接读者个性化需求的图书馆服务也是近来年图书馆的发展趋势。图书馆可以充分利用读者研究方面的长期积累,整合图书馆业务数据资源,做好分众传统经典阅读需求分析,助力提升推荐书目的针对性。

其次,完善中国传统经典推荐书目数据库建设。读者通过网络搜索,可以轻易获得大量经典推荐书目资源。但稍有经验的读者都会感到,网络信息精芜不一,许多都没有清晰标注来源,更有甚者,某些平台出于对"流量"的不当追求,故意使用一些误导性词汇,给读者判断书目质量带来了极大的障碍,而图书馆恰好是这方面的专家。因此,有志于推广传统经典的图书馆,可以发挥其专业优势,多方收集推荐书目资源,查明其出处,撰写简要的书目说明,建设中国传统经典推荐书目数据库,帮助读者筛选出那些真正对其有意义的书目。

第三,以推荐书目数据库为基础,利用大数据分析手段,对推荐书目的特征、内容等进行汇总分析。我们说,经典推荐书目没有一定之规,但是,总有那么一些著作,能够跨越时间、观念、语言的障碍,成为万世不易的永恒之"典"。各个时期的经典推荐书目,代表了一定阶段内人们关于典籍的认知。在广泛收集各类经典推荐书目的基础上,使用大数据分析手段,有助于我们体认那些"永恒之典"。同时,也可通过经典推荐书目的历史变迁,更加深刻地理解民族文化的发展脉络,加深我们对传统文化的认识。

21世纪的前20年,是一个多元的时代,中国传统经典推荐书目的发展也展现了这一点。囿于学力,本文对于20年间中国传统经典推荐书目的梳理是不完整的,但我们希望通过类似的工作,引起学界对于这种既古老又现代的阅读推广方式的重视,以期为新时代的经典阅读、文化传承事业做出应有的贡献。

（2020年7月）

注释：

①②本部分数据由云南大学历史与档案学院2016级本科生沈诣涵统计。

③本部分数据由上海大学图书情报档案系2017级硕士生刘军玲统计。

参考文献：

[1]李正辉.推荐书目源流考[J].图书馆,2011(4):139-140,143

[2][12]20世纪20年代的国学推荐书目及其文化解读[J].学术研究,2000(10):100-107

[3]国家新闻出版广电总局关于印发《全民阅读"十三五"时期发展规划》的通知[EB/OL].[2020-06-01]. http://www.sapprft.gov.cn/sapprft/contents/6588/311617.shtml

[4]彭斐章.数字时代目录《目录学概论》理论变革与发展研究[M].武汉:武汉大学出版社,2009:282

[5]倪晓建主编.信息加工[M].武汉:武汉大学出版社,2001:53

[6]王余光.论推荐书目[J].图书馆学研究,1983(1):139

[7]邱冠华,金德政.图书馆阅读推广基础工作[M].北京:朝华出版社,2015:50

[8]王余光.阅读,与经典同行[N].光明日报,2009-04-30(11)

[9]胡适.新思潮的意义[M]//胡适文集:文明卷.何卓恩,编.长春:长春出版社,2013:3-10

[10]胡适.《国学季刊》发刊宣言[J].国学季刊,1923(1):1-17

[11]王友富.20世纪导读书目源流考[J].图书与情报,2000(3):5-8

[13]张越."最低限度的国学书目"之争与文化史观[J].史学史研究,2004(3):41-47

[14]罗志田.机关枪与线装书:从"国学书目"论争看民初科学与国学之间的紧张(三)[J].四川大学学报(哲学社会科学版),2003(2):85-93

[15]王连君.梁启超与胡适两种国学书目之比较[J].图书馆学刊,2016(3):109-110,114

[16]青年必读书[M].王世家,编.开封:河南大学出版社,2006

[17]王余光,邓咏秋.名著的选择[M].昆明:云南人民出版社,1999

[18]邓咏秋,李天英编.中外推荐书目一百种[M].西安:陕西师范大学出版社,2001

[19]王余光.论阅读传统经典[J].北京大学学报(哲学社会科学版),2001(1):110-116

[20]褚亚玲,强华力.新媒体传播学概论[M].北京:中国国际广

播出版社, 2018:69

[21]徐雁等.图书馆评论与阅读推广[M]北京:朝华出版社, 2017:158-160

[22]对十三届全国人大二次会议第2945号建议的答复[EB/OL]. [2020-06-15]. http://www.moe.gov.cn/jyb_xxgk/xxgk_jyta/jyta_jiaocaiju/201909/t20190904_397332.html

[23]李常庆.北京大学教授推荐我最喜爱的书[M].西安:陕西师范大学出版社, 2001:15-16

[24]吴永贵,徐丽芳,范凡.读书人家[M].武汉:武汉大学出版社, 2007

[25]中华书局推荐233种中华优秀传统文化经典书目[N].工人日报,2017-06-05(07)

[26]王余光.《读好书文库》引言[M]//读书随记.南京:东南大学出版社, 2002:318-320

[27]王余光.重建家庭藏书随想[M]//文建明,刘忠义.中国家庭理想藏书.北京:生活·读书·新知三联书店, 2013:149-152

[28]朱永新主编;新阅读研究所编著.中国父母基础阅读书目导赏手册[M].太原:山西教育出版社, 2016

[29]图书馆如何推进家庭阅读[N].图书馆报.2014-10-17(A11/32)

[30]肖容梅.创新开展图书馆家庭阅读推广[J].图书馆建设,

2017, (12):11-15

[31]张岩.从经典阅读到返本开新的文化建设——以深圳图书馆"南书房"经典阅读空间为例[J].图书馆论坛,2016(1):61-66

[32]龙江书院:家庭经典阅读书目（2017）发布[EB/OL].(2017-09-28)[2020-06-16].https://www.sohu.com/a/195268940_278526

[33]张文彦.阅读史视域下我国当代阅读推广组织的起源、现状与发展趋势[J].出版发行研究,2019(6):23-28

[34]肖新平.经典阅读与文化传承——由微信阅读推荐书目想到的[J].人文天下,2018 (22):55-61

近二十年汉译外国经典推荐书目综述

王莞菁

在阅读推广活动中,汉译外国经典与中国传统经典具有同样重要的地位。阅读经典译著,品味它们所蕴含的与传统经典不同的艺术手法、审美意趣和思维方式,对于读者的胸襟见识、鉴赏能力乃至思考模式都可能产生一定的影响,而汉译外国经典推荐书目在译著的阅读过程中往往起到重要的指引作用,对相关书目研究的重要性可见一斑。目前学界对于汉译经典推荐书目的研究尚显空白,本文期望通过对新世纪以来译著书目的大致梳理,抛砖引玉,引起更多学界同仁对于相关研究的重视。

1 "经典"的定义

在英语世界中,具有"经典"含义的词汇有三个:Sutra、Classic和Canon。Sutra一词直译即为"经",专指宗教性质的经典文本,例如佛经;Classic,包含"古典、传统"的意思,是指富有价值的典范权威之作,多为古典作品,如古希腊与古罗马的文学作品;Canon则是一个具有宗教起源的词语,有"真经、正经"之意,后引申为具有规范性和典范性的作品,如莎士比亚作品等[1]。

根据《现代汉语词典》的定义,"经典"作为名词是指传统的具有权威性的著作,或泛指各宗教宣扬教义的根本性著作;而其作为形容词则主要形容著作具有权威性、典型性或影响较大。

中国当代学者对于"经典"的释义也讨论颇多。王中江先生认为"经典"是能够引起持续震撼力的伟大著作,是能体现人类"超越性"和"原创性",并且经历时空反复考验的不朽之作[2]。王锦贵先生在《论经典文献》一文中也提出:"经典文献是各个领域的大师们用艰苦劳动(创作的)凝结而成的能够深刻反映人类文明并经过一定时间考验的伟大成果。"[3]此外,王余光教授指出"我们常说的经典,是指那些具有重要影响的、经久不衰的著作,其内容或被大众普遍接受,或在某专业领域具有典范性与权威性",除去专业经典,经典通常具有影响力、时间性和广泛性三个重要特性[4]。潘立勇先生则特别提到,经典不仅是经久不朽的杰出典范,同时也是与时俱进而非一成不变的[5]。

因此,本文所提到的汉译外国经典均为原创于外国,具有权威性、广泛性、持久性的著作。

2 面向学生的汉译外国经典推荐书目

2.1. 中小学汉译外国经典推荐书目

近二十年来,随着阅读推广活动蓬勃发展,青少年推荐书目问题日益得到多方关注。为了使中小学生拓展知识面、提高人文素养和审美情趣,各种青少年相关的推荐书目层出不穷,这些课外阅读的内容对于中小学生道德观、价值观以及知识结构等方面的影响有着重要作用,因此,中小学生的推荐书目往往以教育部课程标准,即《全日制义务教育语文课程标准(2011年版)》和《普通高中语文课程标准(2017版)》两个标准为拟定基础,教育部所编义务教育语文教科书即以此为标准,在小学语文课本里设置"快乐读书吧"版块,在初中语文教材里设置"名著导读"版块,以进行经典书目的推荐,高中则仅统计《普通高中语文课程标准(2017版)》所列书目及作者,其数量统计如表1所示。

表1 教育部课程标准推荐书目

推荐对象	书目总数/种	中文经典/种	汉译经典/种	汉译书籍占比/%
小学	42	23	19	45
初中	36	23	13	36
高中	50	34	16	32

除此之外,教育部还指导编制了《全国中小学图书馆(室)推荐书目》(以下简称"推荐书目"),该系列书目自1992年开始按年编制,当时名为《全国中小学图书馆(室)必备书目》,后于1999年改为《全国中小学图书馆(室)推荐书目》,并一直延续至今[6]。根据目前能够找到的书单内容来看,自2000年以来,"推荐书目"对于译著的收录有明显的增加,但由于该书目以收录近期出版的书籍为主,故提到的汉译经典多为近年出版的系列丛书。2020年,教育部基础教育课程教材发展中心组织研制并发布了《教育部基

础教育课程教材发展中心 中小学生阅读指导目录(2020年版)》,该书目根据青少年儿童不同时期的心智发展水平、认知理解能力和阅读特点,精心遴选出300种图书,其中小学110种,译著26种;初中100种,译著23种;高中90种,译著23种。

阅读研究机构、新闻机构等也在中小学生阅读推广活动的深入发展中起到了推波助澜的作用,如新阅读研究所于2011年4月21日在国家图书馆发布《中国小学生基础阅读书目与推荐阅读书目》,包含30本基础阅读书籍和70种推荐阅读书籍,其中汉译书籍共56种。2014年9月18日,新阅读研究所和北京十一学校联合研制的《中国初中生基础阅读书目与推荐阅读书目(100本)》和《中国高中生基础阅读书目与推荐书目(100本)》两个书单公之于众,其中,初中阅读书目汉译书籍为70种,高中阅读书目汉译书籍为46种,相较教育部发布的阅读书目而言,阅读研究机构的推荐书目对于译著不可谓不重视。《人民日报》于2014年列出《推荐给孩子的三十本好书》,其中译著为4本;2017年整理《1—9年级!100本给孩子看的好书》,译为50种;2018年发表《1—9年级经典必读书单(50本)》,汉译经典为10本。

面向中小学生的书单中,汉译经典大致可以分为文学、科学、人文、艺术四大类,其中以文学类作品为主,《格林童话》《安徒生童话》《伊索寓言》《希腊神话和传说》《爱丽丝漫游仙境》《绿野仙踪》《列那狐的故事》《汤姆·索亚历险记》《绿山墙的安妮》《小王子》《鲁滨逊历险记》《夏洛的网》《格列佛游记》《简·爱》《瓦尔登湖》《新月集》《飞鸟集》《童年》《钢铁是怎样炼成的》《堂吉诃德》《哈姆雷特》《大卫·科波菲尔》《战争与和平》《老人与海》《高老头》《悲惨世界》《莫泊桑短篇小说选》《契诃夫短篇小说选》《欧·亨利短篇小说》《莎士比亚悲剧喜剧集》等经典入选的频率较高；科学类别多次推荐的有《万物简史》《物种起源》《基因论》《生命是什么》《昆虫记》《海底两万里》等经典；人文作品则主要包括《苏菲的世界》《假如给我三天光明》《理想国》等；艺术作品有《父与子》等。

2.2 大学生汉译外国经典推荐书目

1923年，胡适为清华学校开出《一个最低限度的国学书目》，以此为发端，社会各界面向大学生开列的推荐书目层出不穷。近年来，随着信息技术愈加发达，知识呈现爆炸式增长，推荐书目成为从浩瀚书海中遴选出优质内容的重要途径。通过对相关书籍网站、高校图书馆网站及其微信、微博等电子平台的浏览，笔者发现部分书单收录书籍较为庞杂，且对于经典图书，尤其是译著推荐的重视度略有不足，故本文仅选取部分已出版的阅读书目和较有代表性的几个高校推荐书目进行分析统计。

2000年，赖廷谦主编《西方人文名著导读》[7]，该书将96部西方人文名著分为哲学、政法律、历史学及礼堂学、心理学、文艺美学和经济学六类。同年出版的《大学生中外名著导读》[8]按学科和类别分目，精选古今中外各学科领域共138部名著，并对这些著作进行介绍和评点,其中汉译经典有92部。中国科学技术大学出版社于2001年出版的《名篇名著导读(人文篇)》[9]为面向21世纪大学生素质教育教材,共介绍人文类中外名著名篇48种,包括21种汉译名著。2005年武汉大学出版社的《外国文学名著导读》[10]分别对美国、英国、法国、德国、俄罗斯以及日本六个国家的文学做了简要的概观,共收录18篇汉译名作。同年出版的《影响大学生的100部经典》[11]从文学、哲学、法学、历史、美学等数个领域,分门归类点评介绍了百部名作,其中译著共60本。2006年,《清华北大教授推荐的大学生必读书》[12]介绍了20个推荐书目和65种必读书籍,这65本书中包括31本外国经典。何峰所著《外国文学名著导读与欣赏》[13],从流派风格异彩纷呈的外国文学名家名作中精选具有代表性的60部佳作,进行阅读引导、内涵解读和艺术赏析。2010年北京大学出版社出版《西方人文历史名著导读》[14],该书作为21世纪高等院校人文素质教育丛书之一,以历史时代和西方文化发展为主线,精选西方政治家、文学家和历史学家的作品23篇。同年,清华大学出版社出版《外国文学名著导读》[15],该书以时代进程为序介绍了自古代至20世纪外国文学的发展演变,共选录53部汉译名作。王前程所著《人文素质教育丛书:中外文学经典导读》[16]精选了100部古今中外的文学经典著作,分中国古代文学、中国现当代文学和外国文学三大部分,其中外国文学收录35种。郑克鲁主编的《欧美文学名著导读(修订版)》[17]是一部关于欧美文学名著的入门读物,全书包括四十位重要作家的代表作,囊括欧美文学史的重要流派,对欧美文学史上的名家名作进行了系统而全面的介绍。2015年出版的《中外文学经典导读》[18]主要分两大部分,上编为中国文学经典导读,下编是外国文学经典导读,总共46篇中外经典文学作品,其中外国经典共20篇。《清华大学荐读书目》[19]由清华大学60余位学者撰写导读文章,同时对阅读版本及阅读方法进行推荐,该书内容涵盖中国文化名著、中国文学名著、世界文化名著、世界文学名著四大主题,每个主题下推荐30种书,共120部著作。

在高校推荐书单部分,南开大学的《南开大学文化素质教育基地推荐阅读书目》[20]收录书籍103种,其中译著达78种。浙江大学《浙江大学大学生文化素质教育阅读书目》[21]一共推荐经典名著60种,包括31种汉译经典。西安交通大学面向该校学生列出20本必读书单和80本选读书单[22],必读书单中外文著作共12本,选读书单中外文著作共51本。南京大学从6个领域推荐19本中文经典和41本外文译著以开展"南京大学悦读经典计划"[23]。2017年《中国政法大学校长推荐阅读书目》[24]由校长黄进向该校学生推荐40部经典书籍,外国著作数量达到33部,占比较高。西南交通大学为切实引导该校学生的课外阅读活动,开列《96本经典阅读推荐书目》[25],包含74本译著。

对上述书单进行统计后,推荐次数在4次及以上的著作共34

本,详细统计状况如表2所示。

表2 推荐书目中选录次数在4次及以上的汉译外国经典

书名	作者	所属类别	次数
浮士德	约翰·沃尔夫冈·冯·歌德（德）	文学	10
理想国	柏拉图（希）	哲学	9
哈姆雷特	威廉·莎士比亚（英）	文学	8
论法的精神	查理·路易·孟德斯鸠（法）	政治哲学	8
资本论	卡尔·海因里希·马克思（德）	政治经济学	8
国民财富的性质和原因的研究（国富论）	亚当·斯密（英）	经济学	8
荷马史诗	荷马（希）	文学	7
百年孤独	加西亚·马尔克斯（哥）	文学	7
社会契约论	让·雅克·卢梭（法）	政治学	7
共产党宣言	卡尔·马克思、弗里德里希·恩格斯（德）	政治学	6
荒原	T·S·艾略特（英）	文学	6
变形记	弗兰兹·卡夫卡（奥）	文学	6
安娜·卡列尼娜	列夫·托尔斯泰（俄）	文学	6
神曲	阿利盖利·但丁（意）	文学	5
老人与海	海明威（美）	文学	5
高老头	巴尔扎克（法）	文学	5
玩偶之家	亨利·易卜生（挪）	文学	5
意大利文艺复兴时期的文化	雅各布·布克哈特（瑞士）	历史	5
忏悔录	让·雅克·卢梭（法）	文学	5
物种起源	查尔斯·达尔文（英）	生物	5
俄狄浦斯王	索福克勒斯（希）	文学	4

悲惨世界	维克多·雨果（法）	文学	4
静静的顿河	米哈依尔·亚历山大维奇·肖洛霍夫（苏）	文学	4
等待戈多	塞缪尔·贝克特（爱）	文学	4
源氏物语	紫式部（日）	文学	4
雪国	川端康成（日）	文学	4
局外人	阿尔贝·加缪（法）	文学	4
圣经	摩西、马太等	宗教、文学	4
新工具	弗朗西斯·培根（英）	哲学	4
堂吉诃德	塞万提斯（西）	文学	4
战争与和平	列夫·托尔斯泰（俄）	文学	4
西方哲学史	伯特兰·罗素（英）	哲学	4
经济学原理	N·格里高利·曼昆（美）	经济学	4
伯罗奔尼撒战争史	修昔底德（希）	历史	4

从表2的统计来看，推荐频率较高的汉译书籍中，文学类作品占据主导地位，其次为政治学、哲学和历史学，仅《物种起源》属于自然科学类；在推荐频次较低的书籍中，也依旧以文史哲类作品为主，自然科学类书籍仅《狭义与广义相对论浅说》《天体运行论》等寥寥数本，且录入次数仅2～3次。可以说，对于汉译经典的推荐目前依然以人文科学为主，这固然对于提高大学生的人文素养、审美情趣有着不小的益处，然而人文科学和自然科学比重的过分不均也有可能引起大学生知识结构的失衡。通过对近5年书目推荐的分析发现，不少高校推荐书目中自然科学著作的收录状况逐渐得到了重视和改善，如2015年南京大学推出的"悦读经典

计划"设置"自然与生命"单元用以推荐自然科学著作,2018年西南交通大学的《96本经典阅读推荐书目》中也囊括了诸如《时间简史》《自然哲学的数学原理》《生命是什么》等近10本汉译自然科学著作,这对于大学生塑造完整的知识结构颇有裨益,可见面向大学生的汉译经典阅读推荐书目越来越倾向于普适性书籍[26]。

3 面向大众的汉译外国经典推荐书目

近年来,国家接连颁布《全民阅读促进条例》《中华人民共和国公共图书馆法》等条例法规,不断推动全民阅读向纵深发展,数字网络技术的突飞猛进,更是随时将公众的生活与阅读相互融合,全民阅读热潮不断升温,直接面向大众的推荐书目层出叠现,良莠不齐。笔者根据书目形式的差异,将推荐书目分为已经出版的推荐书目和网络平台上发布的推荐书目,并根据购买人数和发行主体的权威性选择部分具有代表性的推荐书目进行介绍分析。

3.1 面向大众的推荐书目出版物

2002年海南出版社出版了《哈佛书架:100位哈佛大学教授推荐的最有影响的书》[27],该书囊括了100位哈佛大学的社会科学及自然科学领域的知名学者,推荐的是对他们思想、事业和生活产生过重大影响的书籍,并对这些著作进行提纲挈领的简要评价,谈论对于书籍的感想。这份书目中,诸位教授并未过多提及自身领域的专业著作,而是对于哲学和文学类型的书籍提及较多。同年,黄秀文主编的《智者阅读:中外名报名刊名家的推荐书目》[28]出版,这本书收录了9份报纸刊载的推荐书目,13份载于刊物上的阅读书目,62份学者个人推荐和学者联合推荐的书单,此外,书后还附录有32份影响重大的图书书目,总计116份重要书单,其内容涵盖了中、美、法、俄国等国家,涉及的学科领域也较为全面,权威性和实用性都较强,是书目选择的较好指南。

张玉斌所著《一生必读的60本书》[129]于2009年出版,其中汉译经典书籍共45部,包括《物种起源》《堂吉诃德》《昆虫记》《国富论》《时间简史》等经典名著,内容涵盖了文学、艺术、哲学、历史、政治等不同领域。2013年出版的《青少年美绘版经典名著书库:中外名著导读》[130]撷取世界文学的精华,并辅之以精美绘图,以增加图书的趣味性和可读性,使青少年更易走入书中,领略经典之美。

2015年,山西人民出版社发行部出版《我书架上的神明:72位学者谈影响他们人生的书》[131]一书,该书邀请72位学者向读者介绍自己喜欢或对自己影响极大的书,同时也向公众分享他们的读书经历、感悟以及读书方法,该书所推荐的书籍大都为汉译外国经典,其内容涵盖了政治、经济、文学等不同领域。2016年,山西人民出版社发行部推出《我书架上的神明续编:66位学者谈影响他们人生的书》[132],续编收录66位学者的阅读书单,其中汉译经典占据重要篇幅。

除此之外,经典名著丛书也可视为推荐书目的重要形式。2002年远方出版社出版《世界文学名著百部》,该文库所收入的一百部文学经典名著,均由外国文学翻译专家以及相关研究学者进行反复评议、筛选而来,其中收录的世界文学名著以古典文学名著为主,兼收现当代文学名著。译林出版社于2011年推出"汉译经典"丛书,该丛书计划出版国外学术名著经典600余种,目前已出版汉译名著一百余种,此外,译林出版社还有"经典译林""名著经典(插图本)"等系列丛书,均以出版汉译外国经典名著为主,目前这两个系列丛书均已出版译著一百余种。此外,还有商务印书馆的《汉译世界学术名著丛书》,该丛书收录了哲学、社会学、经济学、语言学等学科的学术名著译本,被誉为"迄今为止,人类已经达到过的精神世界"。[33]

3.2 网络平台发布的汉译经典推荐书目

中国新闻出版研究院发布的第十七次全国国民阅读调查显示,2019年我国成年国民数字化阅读方式的接触率为79.3%,其中,有76.1%的成年国民进行过手机阅读,71.6%的成年国民进行过网络在线阅读[34]。在这样的情况下,与阅读相关的文化产物,诸如阅读书目,也逐渐流行于网络世界,尤其是微信、微博、公共网站等平台。

2017年,商务印书馆在微信平台上发布了200个书单整理合集,这些书单分成包括汉译名著在内的20个专题,其中汉译名著书单依托于商务印书馆出版的《汉译世界学术名著丛书》,共收录哲学类书籍226种,历史地理类书籍126种,政法、社会学类书籍

158 种,经济学书籍 127 种,语言学书籍 13 种,共计 650 种汉译经典。除了如同商务印书馆这样较为权威的机构,近几年越来越多的公众号开始关注书目推荐工作,其中不乏有因大量较为优质的原创内容脱颖而出的公众号,如"书单来了",其以为读者制定阅读计划,推荐佳作,并为读者提炼出该书籍简要内容为特色。"书单来了"推荐过数种汉译外国经典书目,其中《世界上译本最多的50 本书》较有特色,该书单以书籍被翻译次数作为收录标准,入选的书目主要为《小王子》《安徒生童话》《海底两万里》《堂吉诃德》等世界名著,也有如《哈利波特》这样的畅销小说,除此之外,"书单来了"还依据文化、哲学、历史、小说、爱情、名人推荐等不同类目为读者整理推荐出一批书单,如《5 位大师,5 本经典代表作》收录《荷马史诗》《源氏物语》等 5 部著作,《20 本经得起时间考验的爱情经典》收录《傲慢与偏见》《飘》《挪威的森林》等 10 余本汉译经典,尽力以量少而精的方式满足大众的个性化需求。

《人民日报》自 2013 年开始便在微博平台上进行阅读推广活动,转载或发布推荐书目,如 2014 年开列的《推荐给孩子的三十本好书》、2017 年发布《45 本新年阅读经典书目》、2018 年推荐的《20 本经典书目+50 本各学科领域入门书》,在发布书单的同时也会进行一定的阅读指导活动,如于微博上告诉公众如何选择阅读内容、培养良好的阅读习惯等。

公共网站诸如豆瓣、百度等平台,均为一般读者较常使用的信息平台,然而,正是由于平台面向公众,无法保证资料来源的可靠性,因此反馈给读者的内容往往存在鱼龙混杂的现象,如在百度文库搜索"教育部推荐初中生必读书目"可以得到数个名称相似的书单,然而这些书单内容完全一样,且较为杂乱无章,难以快速获得有效信息。

4 近二十年汉译外国经典推荐书目的特征

4.1 经典书目的推荐者更加多元

20世纪90年代以前,已知的经典阅读推荐书目多是较有威望和影响力的学者以个人身份进行推荐,自90年代以降,学者联合推荐书单大量出现,但推荐主体仍以学者为主[35]。进入21世纪以来,政府对民众的阅读活动日趋重视,教育机构的书单逐步增加并渐渐成为主要的推荐主体,尤其在面向中小学生的阅读活动中,教育部颁布的课程标准几乎可以说是其余书单拟定的基础准则。另外,随着新媒体平台的不断优化和全民阅读理念的持续加深,出版机构、媒体机构、社会团体乃至民众个人也不断参与到书目推荐的工作中来。

4.2 推荐书目的内容和种类逐渐增加

很长一段时间以来,汉译外国经典的推荐书目均以人文社会科学的著作为主,自然科学类型在书单里出现的频次相较略少,同书单的占比也较少,21世纪的第二个10年间,提到汉译自然科学著作的书单逐渐增加,且自然科学的占比也有不小的增长,由此可见,推荐书目所涵盖的学科领域日臻全面,同时,推荐者的多元化也有助于集思广益,丰富书单的内容,完善推荐书目的类型占比,这些对于读者尤其是学生群体构建完整的知识结构较有裨益。

另外,读者需求已然成为各大推荐主体的重要考量因素,为了满足读者多样化的需求,推荐主体将经典著作分门别类地罗列出来,组成了种类繁多却又与读者生活息息相关的专题,如个人成长、心灵修养、爱情等等。

4.3 书目传播方式更加丰富

得益于新媒体技术的迅猛发展,书目推荐不再仅局限于书单或者出版书目,而是迅速地与微信、微博、豆瓣等新媒体平台融合起来,这样不仅可以利用这些公开的网络平台提高汉译经典书目的能见度,同时也适应了民众对于网络媒体高度需要的发展趋势,有助于增强经典著作在大众尤其是青少年中的影响力,拉进二者之间的距离。然而也应看到,以微信、微博为代表的新媒体平台在给书目推荐带来便捷、扩大影响范围的同时,也带来了一个庞大的网络信息海洋。部分书单推荐主体,尤其是非盈利主体如地方图书馆等,由于宣传力度小、关注者较少、影响力不足,他们发布的书单往往访问者寥寥,难以达到阅读推广的效果。而另一部分推荐主体,诸如微信平台公众号,利益使然,他们大都经营用心、更新频繁,访问量反而远高于权威机构,但是这些公众平台资料来源往往难以追溯,推荐经典书目的标准也不一而足,推荐书单的质量与权威性有时难以保证,比如微信公众号"书单来了",在其分类专栏"名著经典"下所列部分书单里收录了数本畅销小说,如《暮光之城》系列、岩井俊二所著《情书》等,然而这些作品是否能够归类为"名著经典",尚待商榷。

5 结语

近 20 年来,政府对于全民阅读的重视程度日益增加,民众的阅读热潮也持续高涨,对于具有阅读指导意义的经典名著推荐书目的需求也不断增加,而汉译外国经典推荐书目在其中占据重要地位。新世纪以来,关于汉译外国经典的推荐书目数量众多,除了教育机构、媒体机构、高校图书馆等比较权威的机构面向学生、公众开列相关推荐书目,自媒体平台、读书网站甚至个人也开始整理推荐汉译经典;书单的内容日臻丰富,种类逐渐细化,越来越具有针对性;而刊登这些书目的媒介迅速从纸质清单和出版物蔓延到网络平台,汉译经典书目所能接触到的公众越来越多,汉译名著在公众中的影响力有所提高。一方面,由于这些平台所依据的录入原则不同,所列出的推荐书单往往良莠不齐,部分书单甚至不再重视图书的教育和文化价值,以经典名著为噱头推荐娱乐消遣性质的读物,这对于想要获得高质量书单的读者来说有相当的误导作用。鉴于此,教育部、图书馆、权威媒体等机构可以适当承担一定的监督责任,敦促各书目推荐方开列高质量汉译名著书单,重视并加强对新媒体平台的利用程度,加大对于推荐书目的宣传力度,整合过往书单以方便公众查找,收集读者的阅读偏好并为之提供个性化服务。另一方面,汉译外国经典推荐书目一经推出,势必引起部分读者的阅读需求,为避免读者囿于手边没有纸本书籍而削弱阅读热情,各大机构平台可相互协作,推荐书目依托图书馆或购书平台的数字资源,直接将书单条目转换为电子图书,以即时满足读者的需求,扩大汉译经典推荐书目影响力的辐射范围。

（2020年7月）

参考文献:

[1]郑丽芬.百年推荐书目中的外国经典与高校图书馆经典阅读推广[J].高校图书馆工作,2015,35(2):19-23

[2]王中江.经典的条件:以早期儒家经典的形成为例[G]//刘小枫,陈少明.经典与解释的张力.上海:上海三联书店,2003:3-26

[3]王锦贵.论经典文献[J].新世纪图书馆,2004(6):47-50

[4]王余光.阅读与经典同行[M].深圳:海天出版社,2013:17-18

[5]潘立勇.何谓经典[J].艺术广角,2015(3):55-58

[6]陈涛.《全国中小学图书馆(室)推荐书目》评价研究[J].图书馆建设,2020(4):131-138

[7]赖廷谦.西方人文名著导读[M].成都:四川人民出版社,2000

[8]谭好哲,于良春.大学生中外名著导读[M].济南:山东大学出版社,2000

[9]汤书昆.名篇名著导读:人文篇[M].合肥:中国科学技术大学出版社,2001

[10]任晓晋.外国文学名著导读[M].武汉:武汉大学出版社,2005

[11]程悦.影响大学生的100部经典[M].武汉:长江文艺出版社,2005

[12]张弘,杨超.清华北大教授推荐的大学生必读书[M].呼和浩特:远方出版社,2006

[13]何峰.外国文学名著导读与欣赏[M].合肥:安徽教育出版社,2007

[14]杨杰,牛建伟.西方人文历史名著导读[M].北京:北京大学出版社,2010

[15]陆明,闫冰.外国文学名著导读[M].北京:清华大学出版社,2010

[16]王前程.人文素质教育丛书:中外文学经典导读[M].武汉:华中师范大学出版社,2012

[17]郑克鲁.欧美文学名著导读[M].修订版.上海:复旦大学出版社,2014

[18]左怀建.中外文学经典导读[M].杭州:浙江大学出版社,

2015

[19]《清华大学荐读书目》编写组.清华大学荐读书目[M].北京:清华大学出版社,2017

[20]南开大学文化素质教育基地推荐阅读书目[EB/OL].[2020-05-27].https://lib.hqu.edu.cn/info/1062/1487.htm

[21]浙江大学大学生文化素质教育阅读书目[EB/OL].[2020-05-27]. https://lib.hqu.edu.cn/info/1062/1490.htm

[22]一百本经典[EB/OL].[2020-05-27]. http://www.lib.xjtu.edu.cn/ztwz/ybbjd.htm

[23]南京大学悦读经典计划[EB/OL].[2020-5-27]. http://xsc.ahpu.edu.cn/2015/0906/c1256a25482/page.htm

[24]黄进.中国政法大学校长推荐阅读书目[EB/OL].[2020-5-27]. http://jwc.cupl.edu.cn/__local/6/12/09/7C6BAB5E51A5C50618553E79FFB_737039FF_11E463E.pdf?e=.pdf

[25] 96 本经典阅读推荐书目[EB/OL].[2020-5-27]. https://news.swjtu.edu.cn/shownews-15888-0-1.shtml

[26]何官峰.大学生经典阅读推荐书目研究[J].大学图书情报学刊,2014(6): 28-32,36

[27]肯尼思,布鲁思.哈佛书架:100 位哈佛大学教授推荐的最有影响的书[M].王月瑞,译.海口:海南出版社,2002

[28]黄秀文.智者阅读:中外名报名刊名家的推荐书目[M].上

海:华东师范大学出版社,2002

[29]张玉斌.一生必读的60本书[M].哈尔滨:哈尔滨出版社,2009

[30]崔钟雷.青少年美绘版经典名著书库:中外名著导读[M].杭州:浙江人民出版社,2013

[31]刘慈欣,刘瑜,吴思,等.我书架上的神明:72位学者谈影响他们人生的书[M].太原:山西人民出版社发行部出版,2015

[32]李银河,刘仲敬,万维钢,等.我书架上的神明续编:66位学者谈影响他们人生的书[M].太原:山西人民出版社发行部出版,2016

[33]汉译世界学术名著丛书[EB/OL].[2020-05-29]. https://baike.baidu.com/item/%E6%B1%89%E8%AF%91%E4%B8%96%E7%95%8C%E5%AD%A6%E6%9C%AF%E5%90%8D%E8%91%97%E4%B8%9B%E4%B9%A6/10423391?fr=aladdin

[34]第十七次全国国民阅读调查成果发布[EB/OL].[2020-05-29]. http://www. nationalreading. gov. cn / ReadBook / contents / 6271 / 414891.shtml.

[35]何官峰.大学生经典阅读推荐书目研究[J].大学图书情报学刊,2014(6): 28-32,36

多阅读媒介融合背景下经典阅读推广策略研究

——以《唐诗三百首》为例

赵 晓 付秋静

经典,作为传承千年的先民智慧结晶,一直以来广受国人重视。经典阅读推广工作也成为现阶段阅读推广工作中的重要内容。近年来,随着多媒体技术的发展,传统纸本阅读已不能满足大众在经典阅读方面的需求。数字读本、有声书、声像读本等阅读形式的产生,对经典的传播和阅读提出了更高要求。经典的传播途径、传播范围和传播形式都随着传播媒介形式的转变发生着诸多方面的改变。在多媒介发展的形势下,如何开展经典阅读推广工作已成为经典阅读推广实践和理论研究的重要课题。

1 大众经典阅读特征

隋唐时期,纸张逐渐代替竹简、缣帛成为主要的书写载体,自此以后,纸本阅读作为经典阅读的主要方式一直传承至今。21世纪以来,随着科学技术的发展,阅读的载体形式不断发展变化。数字书、有声书、声像读本、甚至是VR浸入式阅读等多种阅读方式的出现,使传承一千多年的纸本阅读形式发生革命性转变。在不同阅读媒介下,大众经典阅读也呈现出不同阅读特征。

1.1 单一阅读媒介下大众经典阅读特征

在多形式阅读媒介出现之前,纸本阅读一直是大众阅读的主要途径,在这种单一阅读载体形式下,读者往往根据自身阅读需求,选购或借阅纸质书籍进行阅读。这种单一的纸质阅读使得读者阅读的时间相对集中,对阅读的环境和阅读的条件也有一定要求。因而,单一阅读媒介下的大众经典阅读呈现出以下特征:

(1)系统性阅读。经典著作多为系列性著作,如被誉为"史家之绝唱,无韵之离骚"的史学著作《史记》,其内容丰富,体系庞大,往往要求大众在阅读时对整部著作进行集中阅读。除此之外,单一媒介时期,纸本书籍的获取成本较高,大众阅读的成本也相对较高。大众在选择阅读对象时,往往根据自身兴趣爱好对某一领域或某一主题的著作进行系统的阅读选择。因而,在单一阅读媒介时期,大众阅读的对象和阅读的选择都具有系统性特征。

(2)精读式阅读。在单一阅读媒介时期,书籍是读者阅读的唯一载体,读者阅读的对象也以单一的文字为主体。在此情况下,大众在阅读的过程中需要对所阅读的文字内容加入基于个人阅读能力的解构,并在解构阅读内容的基础上对所阅读的内容产生抽象的想象,并结合自身的生活实践经验对阅读的内容加以更加意象的解读与消化。在这种阅读情境下,为了更加深入的了解所阅读的内容,往往要求读者反复阅读。因而,在单一阅读时期,阅读内容对大众的阅读记忆更为强烈,阅读印象更加深刻。

(3)针对性阅读。在单一阅读媒介时期,大众阅读经典著作往往根据自身阅读偏好和阅读需求对某一领域的经典内容进行阅读,阅读目标更为明确。如文学爱好者,往往根据自身阅读偏好去选择相应主题的经典文学作品进行阅读;典籍爱好者往往选择史学著作进行阅读。此外,在单一阅读媒介情况下,读者获取自身所偏向的读物的成本往往较高,在读物的选择过中也会更加具有针对性和目的性。最后,单一阅读媒介情况下受纸本书传播不易、流通速度相对较慢的影响,读者能够获取的书籍数目和可选择的范围也受限制,因而在阅读时也只能根据自身需求在可选范围内进行针对性选择。

(4)独立性阅读。在单一阅读媒介时期,大众阅读经典多出自个人爱好或阅读需要。阅读往往属于读者关起门来进行的个人行为,如中国古代的谚语"两耳不闻窗外事,一心只读圣贤书"就形象的表现出单一阅读媒介时期更加强调阅读的个人化和私密性特征。而读者的阅读也通常是发生在个体之内,是读者主观精神世界活动。即使是有关阅读的讨论也通常发生在读者阅读完著作之后,阅读本身仍是属于读者私人行为。

1.2 多阅读媒介下大众经典阅读特征

随着技术的发展和进步,阅读的媒介逐步由单一的纸本读物向多媒介读物进行转变,数字阅读正逐渐成为大众阅读的主流趋势。数字媒介相较于传统媒介来说,在传播速度、传播范围、获取成本方面都具有绝对优势。数字媒介对读者阅读的环境、阅读条件的要求也更少。在此情况下,多阅读媒介下的大众经典阅读的特征则出现以下变化:

(1)碎片化阅读。数字化阅读媒介的普及和发展,使得大众可以借助移动终端设备快捷、高效的获取读物,阅读的空间与时间限制被打破。大众可以在任何时间、任何地点开展阅读行为。数字化阅读在打破阅读空间和时间限制的同时,也将读者的阅读行为和阅读时间进行了分割,将原本线性的阅读行为分割成不同的阅读时间点,读者阅读的对象和阅读的时间变得更为零碎。因而,多阅读媒介形式下,大众的经典阅读逐渐呈现出碎片化特征。

(2)浅阅读。在多媒介传播形式下,部分经典著作被出版方使用新媒体形式加以加工和解读,如部分以经典阅读推荐为主的网络公众号往往将书中重点内容加以提炼并针对不同阅读需求的读者进行针对性阅读推荐。在此情况下,读者可以根据被加工的信息更加快速的获取书中的知识点和主要观点,更加快速的完成个人阅读目的。但大众在快速完成阅读目的之后,难以对阅读内容产生深入的个人解读与思考,呈现出浅阅读特征。

(3)泛性阅读。在多阅读媒介时期,读物的来源更为广泛,读者可以通过网络媒介主动或被动获取各类阅读内容。大众选择经典阅读对象时的阅读来源和阅读主题更加丰富多样。在此情况下，单一媒介阅读中大众经典阅读所具有的针对性逐渐消解，大众的阅读偏好多元化特征日益显现，内容宽泛的平面化泛性阅读成为大众阅读的特征。

（4）共享性阅读。在单一阅读媒介时期，读者阅读行为多为私密性个人阅读行为，阅读的过程是读者自身独立思考的过程。到了数字时代，网络的实时共享性逐步打破个人阅读的边界感，分享与社交逐渐成为个人阅读的一部分。借助互联网，读者可以将自身的阅读心得、阅读喜好进行分享，将过去单线性的私密阅读逐步变为共享性的社交活动。这种共享性的阅读氛围相较于传统的内省式阅读来说，阅读的外部互动一定程度上激发了读者阅读分享的动力，进而推动了阅读动机的产生，促进了阅读活动的开展。

2《唐诗三百首》的多媒介阅读推广

通过前面的论述可以发现，单一阅读媒介下的阅读和多媒介下的阅读两者各有利弊。单一阅读媒介下，大众经典阅读的程度更为深入，阅读的系统性和针对性更强，但是单一阅读媒介对大众经典阅读的时间和空间要求更高，阅读成本相对也更高。多媒介阅读则打破了阅读的时间和空间限制，让大众有更广泛的阅读选择，但是在阅读习惯的培养和个人思考能力的提高方面也存在一定局限性。因而如何将单一媒介阅读的优势与多媒介阅读相结合,借助多媒体传播手段开展经典阅读推广是目前经典阅读推广需要解决的一个理论与实践性难题,而《唐诗三百首》的多媒介传播则在此方面具有一定的借鉴意义。

2.1《唐诗三百首》的阅读媒介发展史

《唐诗三百首》作为一部广泛流传的唐诗选集,自清代出版以来至今仍是中小学生诗歌启蒙读本的首选,具有影响范围广、影响时间长的特征。《唐诗三百首》作者孙洙,字临西,一字苓西,号蘅塘,晚号退士。乾隆年间,孙洙以蘅塘退士的化名对唐代诗歌进行整理,并选取唐代75位诗人及2名无名氏的313首诗作编成《唐诗三百首》。该书首次出版于乾隆二十九年(1764年),因其所选诗歌内容风格多样,题材各异,自出版以来广受欢迎,几乎家置一册。在纸本阅读时期,《唐诗三百首》主要以印刷纸本为主要阅读载体,"家置一册"的情况侧面可以反映出单一阅读媒介下,该书影响范围的广泛性。

进入21世纪,多媒体技术的发展带来了《唐诗三百首》阅读媒介的变革。为了吸引更多的读者阅读该书,部分出版社和影视发行机构对《唐诗三百首》的内容进行深入挖掘,结合不同媒介形式形成了多种阅读媒介的《唐诗三百首》。目前市面上可见的《唐诗三百首》的阅读形有纸本书、数字读本、有声书和动画读本等。不同阅读媒介的阅读群体和编排重点也各不相同,如以学龄前儿童为阅读群体的《唐诗三百首》,多以有声读物、字画结合的绘本和声画结合的动画片为阅读媒介；以中小学生为阅读群体的《唐诗三百首》则是以课外读物为主的纸本书为阅读媒介。《唐诗三百首》作为经典著作，在不同的历史时期和技术条件下，根据时代的变换借由不同阅读媒介进满足各类人群的阅读需求，对其他经典的阅读媒介的选择具有一定借鉴意义。

2.2 《唐诗三百首》的多阅读媒介融合特征

自清代以来，《唐诗三百首》的阅读形式始终以纸本阅读为主。进入21世纪以来，随着技术的进步，《唐诗三百首》的阅读媒介也随着技术的进步不断发展变化，目前呈现出多阅读媒介融合的特征。这种多阅读媒介融合的特征具体表现在以下几个方面：

(1) 阅读主体的细化。从阅读主体来看，在《唐诗三百首》产生的清代时期，因诗词歌赋不作为科举考察的重点，《唐诗三百首》往往与《三字经》《千字文》等启蒙读物一样，仅被看做声律启蒙读物，其阅读主体主要为蒙学儿童。时至今日，《唐诗三百首》的文化教育功能虽然仍旧是读者阅读时关注的重点，但是《唐诗三百首》所具有的文学价值逐渐受到读者的欢迎。鉴于此种趋势，部分网络媒体开始借助新媒体阅读渠道对《唐诗三百首》的内容进行解构，将来自《唐诗三百首》的诗根据不同作者、不同主题进行划分，并根据读者的阅读取向进行重点阅读推荐，如"中国好诗词"、"全民诗词大会"、"每日一首诗"等网络阅读小程序。这些《唐诗三百首》阅读推广类小程序，根据不同阅读群体的阅读喜好进行内容推荐,既迎合了读者的阅读兴趣,又提高了《唐诗三百首》的阅读范围,扩大了阅读群体。

(2)阅读内容的分层。与阅读主体的细化发展趋势相对应,新阅读媒介下的《唐诗三百首》的阅读内容也逐渐呈现出分层化特征,如"小学课文朗读"公众号,就根据小学生的阅读能力,选取《唐诗三百首》中适合小学生阅读的诗句结合不同的语境和环境,对诗文的内容进行解读,并配合动画场景使诗的内容更为具象,使唐诗的内容更容易被小学生理解接受;而在"中学学习群"这一公众号中,唐诗的展现形式则截然不同,"中学学习群"这一公众号主要面向中学生每天推荐一首唐诗,所选唐诗的内容层次和理解难度较"小学课文朗读"中所选的唐诗难度更高,对阅读能力的要求也更为严格;而在面向诗词爱好者推荐唐诗进行阅读的"古诗词赏析"公众号中,则更倾向于向读者推荐较为生僻的诗词进行阅读。可见,同样的数字阅读媒介在经典推介中,也会根据读者层次的不同对《唐诗三百首》的内容进行分层,根据读者阅读能力和需求的不同进行内容分层次推荐。

(3)阅读载体的多样化。在多阅读媒介融合的背景下,《唐诗三百首》除了在阅读内容和阅读群体进行多样化发展以外,在阅读载体的选择上也发生了变革,出现了书画结合的绘本版《唐诗三百首》、《唐诗三百首》有声读物、动画版《唐诗三百首》等多种阅读媒介形式。不同媒介形式的《唐诗三百首》针对不同阅读群体产生不同的阅读影响,如动画版的《唐诗三百首》被赞为"国产动漫正能量";《牵丝戏》版本的《唐诗三百首》则是将诗句填词至流行歌曲的曲谱之中,不仅提升了诗句的传唱程度,也为经典的推广提供新思路。

3 与《唐诗三百首》相比经典阅读媒介选择的现状和问题

《唐诗三百首》的多阅读媒介融合趋势使得这部经典著作在出版两百多年之后的今天仍旧作为畅销书长期占据人们的阅读视线,这种影响力一方面是因为著作本身的吸引力,另一方面也与多形式的阅读媒介有密不可分的关系。

3.1 经典阅读媒介选择现状

为了进一步调研目前经典阅读的媒介情况,笔者对北京大学王余光教授在2016-2019年间对黑龙江省图书馆龙江书院列出的40部经典著作目前的经典多媒体阅读情况进行调研。调研发现,与多阅读媒介融合的《唐诗三百首》相比,王余光教授推荐的40部经典著作中,仅《西游记》《山海经》《三国演义》《红楼梦》有影视改编版本,以及《山海经》有动画改编版以外,其余36部著作均仅局限于纸本书阅读的范畴中。

3.2 目前经典阅读媒介选择存在的问题

根据调查结果,结合《唐诗三百首》在多阅读媒介发展中的成功经验,可以归纳出目前我国经典阅读推广在阅读媒介的选择方面存有以下问题:

（1）读者性质不明确。正如前文所述，现行《唐诗三百首》的阅读媒介形式根据读者对象的不同实行了一定程度的划分，如针对学龄前儿童开发声像阅读媒介、针对年轻人开发数字阅读媒介等根据读者性质进行媒介选择。通过对龙江书院所选的40本经典著作的阅读群体进行调查发现，40本经典著作的推广均是以全体大众为读者对象，并未根据不同年龄层次和阅读需求的读者对经典的内容加以区分，从而难以从不同阅读素养和阅读需求的读者层面出发，进行阅读媒介的选择。推荐书目中的其他经典著作，除《山海经》有采用针对学龄前儿童的动画版本以外，其他著作在针对不同读者对象开发不同媒介形式的阅读载体上仍旧存在一定欠缺。

（2）阅读内容扁平化。因《唐诗三百首》的内容丰富，主题各异，所以在该书的新媒体开发过程中，将阅读内容进行了一定程度的主题划分，并对部分主题的内容进行动画版和影视版本的改编，丰富了阅读内容形式。但是就目前调研的40本其他经典著作来看，除《红楼梦》和《西游记》有专门学派进行内容和细节的深入解读以外，其他著作在内容解读和细节的划分上也存在一定欠缺。内容挖掘的欠缺导致同一阅读媒介下不同版本的同一经典著作阅读内容的重复。

（3）阅读媒介单一。在前述调研结果中可以发现，40部著作中有36部著作仅有纸质版阅读媒介一种，占总数的90%。这种状况也代表了目前市场上多数经典著作的现状。阅读媒介的单一一方面可以反映目前经典阅读推广中在媒介选择方面存在的问题,另一方面也可以表明在呼吁经典阅读近十年的今天,经典阅读推广的形式还是以经典阅读推广活动为主,在阅读媒介的研究方面仍旧缺少深入的理论探讨和实践经验。

4《唐诗三百首》的阅读形式对经典阅读推广的启示

通过对不同传播媒介下大众经典阅读的不同特征进行分析并结合现状来看,传统单一的纸本阅读能够培养读者良好的阅读习惯和思维能力,而新形式的多媒体阅读则在传播速度,影响范围方面具有更强优势。因此,在选择媒介进行经典阅读推广时,需要将大众实际阅读需求与阅读媒介的特征相结合做出最终选择。具体选择可以从以下几个方面进行考量:

4.1 将阅读媒介的选择与经典阅读能力相结合

通过上述《唐诗三百首》针对不同阅读需求和不同年龄层次的读者发行不同阅读媒介的读物可以看出,不同阅读主体的人对阅读媒介选择的倾向性各不相同。如中小学生在阅读《唐诗三百首》时仍旧以传统纸本阅读为主,因传统纸本阅读在查找、标记阅读心得等方面具有一定优势。而在学龄前儿童启蒙方面,则是以声像相结合的动画片、有声书和绘本为主,因这个年龄段的儿童在文字阅读方面具有一定障碍,而声像阅读媒介的读物不仅能够解决这个问题,丰富的画面内容也可以吸引这个年龄层次儿童的阅读兴趣,弥补理解能力不足等方面的问题。经典阅读推广时在阅读媒介选择方面需要根据不同的阅读群体的阅读能力和阅读需求选择不同的阅读媒介向大众进行推广,而非仅以某一阅读媒介为主,而忽略其他阅读媒介。

4.2 结合媒介形式分层次解构经典内容

在传统纸本阅读时期,读者的阅读心得多来自前人的批注和自身的阅读理解,纸本阅读对读者本身的阅读素养要求更高,从而产生了不同的阅读壁垒。与纸本阅读相比,数字阅读、有声读物本身对经典的内容进行了层次划分和一定的解读,尤其是部分影视化改编和有声书剧场,将原本纸本阅读中对个人阅读素养的依赖性降低,提高了读者的接受程度,降低了阅读的门槛。但是也应看到,过度的经典解构降低了深度、系统的阅读经典所带来的思维能力的锻炼和阅读素养的提高。因此,在数字化时代,如何将经典内容结合不同的多媒体传播手段针对不同阅读需求的人群划分层次进行经典的内容解构,为不同阅读素养和阅读能力的人群提供针对性的阅读服务,是多阅读媒介发展的今天在经典阅读推广过程中需要平衡的难点问题。

4.3 发挥多媒介阅读的社交性提高经典阅读推广效率

正如《唐诗三百首》依靠新的媒介传播形式通过阅读节目互动、阅读社群互动、影视化改编等形式来提高读者的共享程度,从而产生阅读推广效应一样。在阅读媒介日益丰富的今天,如何利用阅读的社交性,根据经典的内容吸引不同层次的人群加入不同主体的经典阅读之中,借助互联网的开放式互通效应,分享经典阅读心得、成立不同阅读社区,使得有共同阅读爱好的群体实现网状式的扩散链接,并由此建立具有阅读相关性的不同阅读社群,是经典阅读推广需要关注的又一难点问题。

5 结语

时至今日,汹涌的互联网浪潮给人们的生活带来全方位的变革。阅读作为文字产生至今已延续千年的人类最古老的文化行为之一,也随着时代的发展发生了翻天覆地的变化。网络的发展,使得大众在阅读对象、阅读主体、阅读媒介等方面有了更为宽泛的选择,打破了原本的知识获取壁垒,打开了人类无差别的获取阅读对象的渠道。但是也要看到多媒介阅读给大众经典阅读带来便利的同时也会产生阅读思维能力训练不足、阅读浅显化、阅读碎片化等方面的问题。因此,在经典阅读推广中,我们既要接纳新型的多媒介阅读形式,也要宣传传统单一纸本阅读的优点,号召更多人在日常泛化阅读的同时,关注精读,注重对经典的全方位、立体式精读推广,而非平面化的"浅读式"阅读推广。

(2020 年 7 月)

参考文献：

[1]王余光.中国经典需重视精读[N].新华书目报,2019-07-26(10)

[2]熊静.重拾阅读传统 再建书香社会[J].图书馆建设,2017(12):15-18

[3]王余光.阅读,与经典同行[M].深圳:海天出版社,2013:2-15

《古文观止》版本研究

张婵娟

《古文观止》自清代编定以来,直到今天仍然为世所重视,与《唐诗三百首》号称清代诗文选集之"双璧",被各出版社不断刊印,成为长销书。据开卷数据不完全统计,1998年7月至2020年5月各出版社出版了《古文观止》相关图书500种,累积销量3527619册,以中华书局2016年1月出版的《中华经典藏书(升级版)·古文观止(全二册)》为例,其自出版日至2020年5月共销售314012册。鲁迅先生评价《古文观止》时认为它和《昭明文选》一样,"在文学上的影响,两者都一样的不可轻视"[1]。

1《古文观止》概述

《古文观止》由清代康熙年间吴楚材(名乘权)、吴调侯(名大职)叔侄二人(以下简称二吴)选编。二人是浙江山阴(今绍兴)人,都是乡间塾师,以课徒为生。《古文观止》本是他们教授弟子诵读古文的讲义,经整理后付诸梨枣。《古文观止》编定于康熙三十三年(1694年),共十二卷,以年代为经,作者为纬,按照从古到今的顺序排列,选录自春秋战国至明末三千多年的名作222篇,每篇都有两人的注释和评论,"基本上反映了这一时期散文发展的脉络与特点,体现了中国散文所取得最高成就"[2]。"观止"二字出自《左传·襄公二十九年》。吴公子季札在鲁国观看周代乐舞,看到《韶箾》一舞而不禁赞叹道:"观止矣! 若有他乐,吾不敢请已。"[3]季札认为眼前舞蹈的美妙程度已经达到无以复加的地步,看完这样的乐舞,其余的就不必再看了。后来的人就从季札观舞的典故中总结出"叹为观止"这个成语。吴楚材、吴调侯把"观止"用来作书名,意在说明所选篇目尽善尽美。学界认为古文观止有两个版本系统,即吴兴祚序本和二吴序本,安平秋先生认为吴兴祚序本为最初刻本,尚未见传世[4]。吴兴祚,清代山阴(今浙江绍兴)人,清初累官两广总督[5]。其序称,他在福建巡抚任上请师教子,并由他的从子吴楚材,从孙吴调侯参与伴读。序夸吴楚材"工举业,尤好读经史"。序中提到吴调侯、吴楚材两人寄来《古文观止》一作,翻阅该作,"简而该,评注详而不繁,其审音辨字,无不精切而确当",并且"析义理于精微之蕴,辨字句于毫发之间",可"正蒙养而裨后学",于是将此书付梓,并为其作序[6]。

2《古文观止》版本演变

2.1 公元1694年—公元1911年

《古文观止》的版本系统,安平秋、金开诚、葛兆光俱有研究。三位认为古文观止有两个版本系统。安平秋经认为,《古文观止》的版本系统是:

（1）吴兴祚序本（初刻本）——鸿文堂本/映雪堂本

安平秋在《古文观止》点校说明中写道："吴兴祚序本为最初刻本，刊刻于康熙三十四年（公元1695年），我们今天所看到的乾隆三十九年（公元1774年）《鸿文堂增订古文观止》和乾隆五十四年（公元1789年）映雪堂刊《古文观止》，均署'大司马吴留村先生鉴定，山阴吴乘权（楚材）、大职（调侯）手录'，前有吴兴祚序但没有吴乘权、吴大职二人自序，也没有编选例言，'这两个本子，看来都是根据吴兴祚当年付梓的初刻本翻刻的。'"[7]安平秋还提到其自藏刊刻于乾隆三十三年（公元1768年）的锡山怀泾堂本，"此本虽据吴兴祚初刊本翻印，但显然用它本校勘过，凡与鸿文堂本、映雪堂本有异之处，大多与文富堂本相同，而文富堂本的讹误，此本多所纠正，但亦有个别属文富堂本、鸿文堂本、映雪堂本不误而此本有误之处。因长期不为人所见，后世几乎没有翻刻本"[8]。

（2）二吴序本（文富堂本）

康熙三十六年（公元1697年），吴兴祚去世，康熙三十七年仲冬，二吴在浙江家乡又将《古文观止》"付诸梓人，以请教于海内君子"[9]，即文富堂刊本。此本也注有"吴留村先生鉴定"，但没有吴兴祚的序而增加了二吴的《自序》、吴乘权写的《例言》。安平秋指此本刻工粗糙，讹错较多，但亦有前述两本有误而此本不误的地方。篇末的评语与前述两种刻本小有不同，安平秋推测二吴在付梓前或许做了少许改动，"改动之处大多较前为妥帖"[10]。

金开诚、葛兆光认为文会堂本是今天所见到的最早刻本,"映雪堂本是用文会堂本为底本刻印的"[11],即①吴兴祚序本—文会堂本—映雪堂本;②二吴序本(即文富堂本)。金葛二人的观点与安平秋基本一致。不同的是,金开诚、葛兆光没有提到安先生提出的鸿文堂本,且安先生认为鸿文堂本与映雪堂本平行,一同翻刻自吴兴祚序本,而金开诚、葛兆光认为映雪堂本与文会堂本非平行关系而是承接关系。对于这两个系统,学界的结论是"稍有出入,大体相同,互有优劣",但以二吴序本刻工粗糙且讹误较多[12]。

2.2 公元1912年—公元1949年

安平秋指出,民国以来,《古文观止》印本尤多。"木刻本有民国七年扫叶山房本,石印本有民国五年上海锦章图书局本,铅印本有民国十二年四有书局本等。铅印本中民国二十三年上海新文化书社本有断句,民国二十五年上海广益书局本附白话译文,不少本子讹误严重,其中以民国三年上海商务印书馆铅印线装本的质量为好"[13]。上述诸本,其渊源都出自鸿文堂本、映雪堂本,而文富堂本却罕见有人翻刻,"今所见惟有民国元年的绍兴墨润堂本一种"[14]。即鸿文堂本、映雪堂本—民国诸印本;文富堂本—绍兴墨润堂本。

徐北文指出,"五四"以后在上海等地书商出版了多种"言文对照"的《古文观止》。共列四种:上海沈鹤记书店署做肃房编译室著的一部;广益书局印行、署名陆文昭译的一种;署名宋晶如和署名许啸天的等译注本,但徐北文并没有明确指出他们与映雪堂本的源流关系。徐北文认为上海沈鹤记书店署做肃房编译室著的一部应是较早出现的言文对照本,译者的态度较为认真,对文言文比较熟悉。他提到译者可能是江南县城的一位落拓秀才,可能不会讲普通话,因此译文中用蓝青官话来凑付,还带有方言,使得译文半文半白,生涩难通。徐先生推论后来的几种新译本,多是窃取上海沈鹤记书店译者的成果来赚取钱钞的。"如广益书局印行、署名陆文昭译的一种,就是在其译文基础上,将个别半文半白的句子又改得现代化了一些,可惜此人文言基础更差,经他改动的地方,貌似浅显,但却又增加了许多错误。署名宋晶如和署名许啸天的等译注本,其水平也仍不如沈鹤记那位默默无闻的江南老先生的那一部"[15]。

中华书局编辑部在2018年再版的《精校评注古文观止》[16]的出版说明中指出中华书局于1937年曾出版《精校评注古文观止》初版,此书是由近代著名学者王文濡为吴氏合编的评注原著所作的精校整理本,用夹注评点的形式,逐段分析文章的微言大义,梳理文章的结构章法,或揭示每篇文章的主旨,间或点出文章写作的要领及艺术特色,疏解疑难字词,扫清阅读障碍,言简意赅,详而不繁,便于读者深入理解欣赏,书前另有作者小传,可供阅读参考,此书之后多次重版,受到读者的欢迎。

2.3 公元1949年至今

《古文观止》虽然有吴楚材、吴调侯的评点，但较为简略，对初学者仍有一定的难度，而民国时期的言文对照本，因译者水平所限和语言环境的变化，也满足不了当代读者的需求，所以后世数种译注本、评点本层出不穷，加上儿童读经热的兴起，大量注音本和插图本相继出版。据统计，从《古文观止》最初刊印到现在的三百多年间，各种注、评、选本等多达几千种，其中多数版本几经修订重印，以中华书局、北京大学出版社、上海古籍出版者、岳麓书社等版本评论较优。笔者在下文主要介绍这几种版本。

2.3.1 中华书局本

中华书局本有以下几种权威版本：一是1959年本。这是由原文学古籍刊行社转来的本子，"前文学古籍刊行社1956年据映雪堂本断句重排《古文观止》，加有句读，校正了原本的几十处明显错误"[16]。二是1963年钟文谷本，此本"据映雪堂本断句，并校正了个别显著的错字"[17]，较通行。三是1987年安平秋点校本，为简体横排本，此本虽以1963年本为底本，但用映雪堂原刻本（乾隆五十四年刊刻本）复核，用文富堂本（康熙三十七年刊刻本）、怀泾堂本（乾隆三十三年刊刻本）、鸿文堂本（乾隆三十九年刊刻本）参校，还用相关史书或别集做了校勘，力求为读者提供一个错误较少的本子。共改正了原书的明显错误三百余处[18]，而且补录了二吴自序和吴乘权所撰例言[19]，使读者更能明白《古文观止》的编选体例。此版本是公认的比较好的一版，校勘精善，排版采用传统竖版繁体,结构疏朗,带原版注释,最能体现《古文观止》编纂者之原意。中华书局后又出了多本文白对照本《古文观止》,以映雪堂本为底本进行整理,以直译加意译的方式对全部文章进行了翻译,方便更多读者阅读。

2.3.2 上海古籍出版社本

上海古籍出版社出版的《古文观止译注》译注者为李梦生、史良昭等,底本采用原文学古籍刊行社1956年本,即据映雪堂本排印,使用有关史书或别集校勘,择善而从[20]。每篇作品均做题解(介绍作者和写作背景、文章特点等)、注释、并附译文,对吴楚材、吴调侯原有的评论有选择地加以辑录,保存在题解之中。原文、注释、译文用不同颜色和字体排版以区分,译文晓畅易懂,印刷精美,纸质上乘,字大行疏,兼具易读性与可读性。

2.3.3 岳麓书社本

岳麓书社出版的《古文观止注译》被认为是较好的入门版本,其以中华书局1959年版《古文观止》为原文依据,再在注释中注明别本中字句有差异的地方[21]。对各篇都有简要提示,帮助读者理解全文原貌,鉴别精华糟粕,学习写作技巧。注释准确,译文忠实原文,翻译将意译和直译相结合,适合初学,校订者陈蒲清提到,"直译比较传信,但传神很难,有的骈文,两句对偶往往说的是一个意思,在修辞上又喜用'互文'、'变文',直译常常捉襟见肘,所以,此版本中几篇骈文的译文,有时两句作一句翻译"[22]。每篇所写提示中,对吴氏叔侄的原评注中有精当之处、能点明作品的思想与写作特色、具有鉴赏眼光与思想识力的评语,一般予以吸收,或取其精神,或撷取某些精彩字句。他认为《古文观止》的原注是文言,其他版本的注释也往往是文言文或半文半白,很不适合今天的读者,因此译注者将注释改做白话,并纠正了一些错误之处。例如,贾谊《治安策》的开头一句:"夫树国固,必相疑之势",岳麓本译为封植的诸侯国太强大坚固了,势必形成与朝廷势均力敌的形式,酿成霍乱。"疑",通"拟"是相比、相当的意义[23]。贾谊在《论积贮疏》中也是这样用的:"远方只能疑(拟)者,并举而争起矣。"有的注本把"相疑之势"解释为"互相疑忌",陈蒲清认为与全文的精神并不符合[24]。此外,岳麓书社本排版非常合理,文章正文用大字排版,译文用小字排版,译文集中,便于阅读。另外岳麓书社本定价24.8元,被誉为是《古文观止》诸本中性价比最高的一本书,这与岳麓书社一贯坚持的"花最少的钱,买最好的书"的经营理念是相符的。

2.3.4 北京大学出版社本

此版本由北京大学中文系古典文献专业部分师生编写,采用通行的中华书局排印本,同时参照清朝乾隆年间映雪堂刻本加以比勘。文中的古体字、异体字和繁体字都改为现在通行的规范简体字。对于通假字一律不改,在注文中加以说明。对每篇古文都进行了题解注释和白话文翻译工作,题解部分交代选文背景、中心内容、并对选文作简要评价,注释部分言简意赅,译文文笔优美。吸收了原书注评中精辟见解的可取之处,在译注过程中,参考、吸收了一些古文选本的译注成果[25]。译文根据不同性质的文章和文中的不同情况,采用直译与意译结合的方式。

2.3.5 齐鲁书社本

齐鲁书社本由济南大学中文系教授、古籍整理研究专家袁梅等负责译注工作,此本全部保留了原本的篇目,包括注译人员认为的某些封建意识浓厚、写作技巧差的篇目乃至个别伪作的篇目,主编徐北文解释这样做的原因一是尊重原编者,二是为了将这些篇目作为反面材料,使读者在对照、思考中得到锻炼,提高自己的认识能力,三是因为《古文观止》流传三百多年之久,入选篇目在过去已成为中等文化水平的人人熟悉的文章,他们在著述行文、口头宣讲中经常把其中的词语、章节片段作为词汇和典故来运用,《古文观止》各篇成了近代文字的文言词汇的重要来源之一,即使是伪作,其中的很多成语在当代文字中仍常常使用[26]。徐北文认为,注译本还是保留全部篇目为最适宜,因为《古文观止》对我国近代语文,无论是文言文或语体文都有深广的影响,它的选目自有其稳定性。此本保留了二吴原评注中的有益成分,对脱离实际的则未予保留[27]。

2.3.6 台湾三民书局本

台湾三民书局的《新译古文观止》,由谢冰莹等学有专长的教授进行注译工作。注译者们首先依据原编者所选的篇目,特地从各专书专集中找最好的版本来校订,对每篇文章重新标点、分段、注音,每篇列有作者传略,方便读者了解作者创作该篇的时代和社会背景,拣选文中的生难句加以解释,对文章进行翻译,以直译为主,并对每篇文章进行了分析,包括选文出处、全篇主旨、文体、段落大意、写作技巧、历代名家评语、文章作法分析。注释通俗易懂,译文准确流畅,可读性高。以第一篇《郑伯克段于鄢》为例:"初,郑武公娶于申,曰武姜,生庄公及共叔段。庄公寤生,惊姜氏,故名曰寤生,遂恶之。爱共叔段,欲立之。亟请于武公,公弗许。"岳麓版注:寤生,逆生,即胎儿出生时先下脚。寤,通"牾"[28]。三民书局版注:寤生:寤通牾。说文:"牾,逆也。"女人产子,头先足后为顺,足先头后为逆。故逆生亦属难产之一类也[29]。此例可见,三民书局的注释更详细雅致。此版本的问题在于台湾的注音符号大陆少有人能看懂,且此本采用繁体竖排排版,不太符合当今大多数大陆人的阅读习惯。

总结起来,《古文观止》的版本系统,安平秋、金开诚、葛兆光认为主要有两个,即吴兴祚序本——鸿文堂本/映雪堂本和文富堂本,后世诸本均以鸿文堂本和映雪堂本为底本。民国时期的版本,则被徐北文认为水平不高,究其原因,徐认为是因为《古文观止》在旧社会是一部初级读物,不为上层人士所重视,当时稍有地位的学者对读过《古文观止》这件事讳莫如深,不屑一顾,因此书商只能请一些水平较低的人来担任注译工作。现代版本则百花齐放,但基本以中华书局1959年本为底本。广受推崇的版本均来自中华书局、上海古籍出版社、岳麓书社等老牌古籍出版社,且都具有非常专业的译注人员。可见读者在选择版本的时候非常注重出版机构的专业性、品牌以及译注者的学养问题。出版机构的美誉度是其综合水平的反映,是出版物质量的保证,而古籍翻译和注释的重要性显而易见,清陈澧在《东塾读书记》卷十一《小学》篇里曾论述过注释与翻译的作用,他说:"时有古今,犹地有东西,有南北。相隔远,则言语不通矣。地远,则有翻译;时远,则有训诂。有翻译,则能使别国如乡邻,有训诂,则能使古今如旦暮。"[30]编选者和译注者的专业素质及学术造诣直接决定了编著本或译注本的质量。中华书局本的点校者安平秋,北京大学出版社本的译注者阴法鲁、齐鲁书社本的译注者袁梅等均为大学教授、古籍整理和文献研究的专家,安平秋自身还收藏了很多古文献,这样的专家作的译注当然兼具了权威性、专业性、可靠性。

3《古文观止》版本变化的原因

前述已提到,《古文观止》有两个版本系统流传,至现代版本已达千余种,其中又有很多版本几经重印修订,究其原因主要有以下几点:

3.1 作者认知的不断完善

作者对事物的认识有一个逐渐深入的过程,作者可能在阅读到新材料或得到其他人的批评指正后对事物有新的见解,这样就会促使作者对原观点进行修改。正所谓"文章不厌百回改",作者总是想要尽善尽美,所以才有《红楼梦》的"批阅十载,增删五次"。安平秋指出吴楚材、吴调侯刻印的文富堂本的篇末评语与吴兴祚序本小有不同,推测二吴在付梓前或许做了少许改动,改动之处大多较前为妥帖。而中华书局本也历经数次修改,不断完善,可见对旧作的修改与完善,是文学创作的内在因素使然,是作者创作精益求精的体现。

3.2 符合时代发展要求

时移世易也是版本变化发展的很重要的原因之一,主要有两种情况,一是有些知识可能已经过时,不再符合时代发展需要,这时候就需要编著者进行修改,例如阴法鲁在《古文观止译注》的译注说明中提到"原书的注评中有许多精辟的见解,但因用的是文言,而且有许多地方着重于所谓'义法',即宣扬儒家思想和从作八股文的观点来分析篇章结构的,注重于'转折''唱叹'回环变化的说明,这些都是准备八股策论的举子所要研磨的东西,今天看来用处不大,所以不便保留"[31]。二是随着时代发展,读者会产生新的需求,编著者和译注者也需要紧跟时代对作品作适当的增删取舍及完善,以使其更符合新时期读者需求。现如今,随着人们对传统文化的日益重视,很多人开始对古代经典作品越来越感兴趣,由于语言文字、生活环境、教育方式等的演变,古人读来能轻易理解的书籍,现在的读者读来往往晦涩难懂,加上文化程度的限制,实际的阅读能力与阅读古籍的兴趣之间存在差距,因此需要对原文加以整理、标点、注释、翻译,使现代读者不致因文字的隔阂而与优秀传统文化失之交臂,在这样的形势下出版一些简体横排、标点分段、白话文注释加译文的普及版,满足大部分非专业的普通读者的阅读需求,就很有必要了。

3.3 出版机构重复出版

《古文观止》已经过了版权保护期,成了公版书,出版机构也不用再支付高额的版税,而且在已经成熟的文稿基础上进行编辑,编辑工作相较新的出版选题来说更简单快捷,能减少编校时间和费用投入,再加上《古文观止》早已具有很大的社会影响力,又能节省出版机构营销宣传方面的开支,因此使得很多出版机构对《古文观止》趋之若鹜,各种版本络绎不绝。加上"国学热"的兴起,不少家长加强对孩子的国学教育,为孩子购买大量古籍普及性读物,以2020年5月开卷数据查到的《古文观止》的销量来看,湖北美术出版社有限公司出版的《中华传统文化·经典国学丛书·古文观止(全彩绘注音版)》以累积销量282 788册位居《古文观止》相关图书销量排行榜第二,仅次于中华书局出版的《中华经典藏书(升级版)·古文观止(全二册)》,可见儿童已经成为古籍普及性读物的庞大读者群体之一,这也促使很多出版社尤其是少儿出版社纷纷出版《古文观止》的注音本、插图本、彩绘本等。

当然,兼听则明,整理出版《古文观止》这类普及型读物,可以鼓励多出几种版本,使读者得以采百家之长而获益,但也应杜绝盲目跟风与同质化的重复出版。

（2020年7月）

参考文献：

[1]唐俟.选本[J].文学季刊(北平),1934,1(1):282

[2][11]金开诚,葛兆光.古诗文要籍叙录[M].北京:中华书局,2002:209

[3]钟基.古文观止·前言[M].北京:中华书局,2016:2

[4][7][8][9][10][13][14][16][18][19]古文观止·点校说明[M].北京:中华书局,1987:1-9

[5][12]赵博陶.古文观止及其编者[J].厦门教育学院学报,2010,12(1):20-23,31

[6]吴楚材,吴调侯.古文观止·原序[M].北京:中华书局,1963:1-2

[7][15][26][27]徐北文.古文观止今译·前言[M].济南:齐鲁书社,1983:1-6

[8][16]中华书局编辑部.精校评注古文观止·出版说明[M].北京:中华书局,2018:1

[9][17]钟文谷.古文观止·点校说明[M].北京:中华书局,1963:1

[20]李国章.古文观止译注·前言[M].上海:上海古籍出版社,2016:5

[21-24]陈蒲清.古文观止·前言[M].长沙:岳麓书社,2005:1-10

[25][31]阴法鲁.古文观止译注[M].北京:北京大学出版社,2001:1-3

[28]阙勋吾,许凌云,张孝美等.古文观止[M].长沙:岳麓书社,2005:1

[29]谢冰莹,邱燮友,左松超等.新译古文观止[M].台北:三民书局,1988:3

[30]吴平,胡程立.图书学[M].长沙:湖南大学出版社,2008:92

《经典常谈》的版本文化与传播研究

衡明明

  《经典常谈》是由朱自清于上世纪40年代初创作完成的一部佳作。自成书至今,曾发行过的出版社和重印次数不胜枚举。此书版本的变迁折射出的是中国传统文化经典书籍出版和阅读文化的发展。这部书能够历经近80年仍受读者青睐,一方面得益于作者的精心编写,另一方面也与中国社会对于传统文化经典的重视以及传承息息相关。全书所蕴含的不仅是中国华夏民族绵延至今的文明、文化,更是作者对于传统文化精粹的悉心解读。在数字化阅读和出版技术飞速发展的今天,人们对于民族传统文化精神内核的追求依然不可或缺。阅读这样的书籍,进而加强对经典的深度阅读,能够为我们带来安宁笃定的内在精神力量。研究这本常读常新的经典书籍的版本文化与传播,也将为我们带来新的传统经典阅读推广的视角与灵感。

1《经典常谈》的相关研究综述

  以往对于《经典常谈》这部著作的研究关注主要集中在以下几个方面:首先,是以这部书本身作为出发点,进而发散探讨阅读经典对于整个民族文化的重要性。《"经典训练的价值……在文化"》[1]这篇文章指出了在当下国人寻觅中华民族"文化自信"的精神源泉时,《经典常谈》所具有的非同寻常的重温意义。《国学经典阅读的三条路》[2]一文阐发了对经典阅读训练的见解,认为《经典常谈》在至今以来经典导读性质著作中有着不可超越的地位,且理想的经典训练至今依然任重道远。其次,另一个研究的方向是侧重于文学、教育、出版史料考证层面,《〈经典常谈〉的战时写作与学人知识互动》[3]一文,作者借用年谱、日记、回忆录等材料还原历史情境,追述写作缘起,考察具体成书环境与过程,论述了作者学问上的积淀、学者之间的知识互动与战时环境中的学术坚守。《什么"经典",怎样"常谈"——教育史视野中的朱自清〈经典常谈〉》[4]一文,则是通过历史分析,阐述了此书在教育史中的意义。《写于昆明和成都的〈经典常谈〉》"[5]一文中,作者通过发掘整理此书的相关出版史料,为读者展现出一幅生动的历史图景。最后,也有从文学修辞角度对此书进行分析的,《也谈"顶真式衔接"——以〈经典常谈〉为例》[6]即是将此书作为一个文学范本来进行研究。还有学者在论述朱自清学术思想的过程中通过《经典常谈》来研究作者学术品质,例如《朱自清学术思想研究》[7]等等。总之,研究者们从不同的角度阐述了对于这本书的理解。从此书的版本文化与传播这一角度来展开深入研究的则相对较少。因此,本文将主要从此方面入手,进一步研究此书的出版文化价值,进而分析其对于今天经典阅读推广的借鉴意义。

2 朱自清与《经典常谈》创作分析

2.1《经典常谈》的作者朱自清

朱自清(1898-1948),字佩弦,号实秋,原名自华,后改名为自清。原籍浙江绍兴,出生于江苏省东海县,成长于扬州,中国现代散文家、诗人、文学研究家、民主战士。提起朱自清,广大读者最为耳熟能详的当数他的散文代表作品《荷塘月色》《背影》《春》、《匆匆》等等,这些作品也曾入选中小学语文课本,可见其作品不仅易于接受,且饱含文学与教育意义。《经典常谈》这部专门的著作从内容等方面不同于朱自清以往所创作的其他诸多散文作品,可以认为,这部书是作为师者、学者的朱自清所创作的一本倡导读者阅读学习中国传统文化经典的导读之作,希望读者在阅读此书后可以更加精深地阅读经典著作,可谓用心良苦。正如他本人曾在书中给予的美好心愿,希望"读者能把它当作一只船,航到经典的海里去"[8]。

2.2《经典常谈》的创作背景概况

从作者在书中自序的落款可知,《经典常谈》这部书创作完成于1942年初,此时正值朱自清于昆明西南联合大学任教期间。1938年,西南联大由国立北京大学、清华大学、私立南开大学因战火南迁合并而成。当时的西南联大师生虽处于抗战的艰苦条件下,却始终坚持着学术自由,追寻着科学真理,英杰辈出,朱自清也是其中具有代表性的一位。以今天的视角研究《经典常谈》这部书的创作背景,可以发现这部书的产生也离不开前期思想理论的影响与铺垫。回顾20世纪中国学术史,朱自清的老师胡适先生,曾于1923年在北大《国学季刊》的《发刊宣言》中阐述了"整理国故"的理念,提倡以科学的精神保存国粹,系统地研究国学。从内在联系以及这部书的精神内涵分析,《经典常谈》这部作品也传承了"整理国故"的思想。研究发现民初以来中国社会也曾出现"废经"的呼声,一些人对阅读传统书籍持否定的态度,这在一定程度上给保护经典带来了阻力。正如朱自清在这本书的序中提到"新式教育施行以后,读经渐渐废止"[8],但他指出"读经的废止并不就是经典训练的废止"[9],"经典训练的价值不在实用,而在文化"[10]。这体现出了历史上以朱自清为代表的一些具有眼光的"新文化人"在认识和保护中国传统经典文化方面的进步意识和积极态度。从今天的视角来看,《经典常谈》的出版与传播无疑为保护和传承中国传统文化瑰宝作出了贡献。

3《经典常谈》的版本发展与流传

3.1《经典常谈》版本研究

根据对出版史料的研究可知,《经典常谈》这部书曾多次再版印行,因此笔者根据此书主要出版经历对其版本发展进行归纳总结。首先需要进行研究的一个主要出版阶段是从1942年至1950年,因为在这期间总共有六版印行,是初期有比较多版本流通的一个阶段。《经典常谈》首次出版于1942年8月,距离作者完成书稿创作约半年左右。此时正值抗战时期,这一版是由当时重庆国民党中宣部管控的"国民图书出版社"出版发行的,实际见书时间是1943年5月。《经典常谈》全书大概七八万字,是一本不到200页、32开本的小书,且战时这一版本因年代原因印制较为简陋,比较难得到保存品相完好的版本。在书作正式发行后,朱自清的好友著名教育家、出版家叶圣陶先生曾连写两篇书评力荐这本好书。当时这两篇推荐朱自清书作的文章分别刊登于《中学生》和《国文杂志》两份刊物。这两篇简明扼要的书评从学生和教师群体入手,将此书作为学习中国传统文化入门必读之书进行推荐,助力了这本书的宣传推广,取得了不错的收效。1946年5月,《经典常谈》由"文光书店"(见图1)重印。据统计,这本书之后在文光书店共重印了五版之多,印量可观,足见文光版的受欢迎程度。文光书店版开本仍为32开,但在装帧设计上明显优于战时版本,显得更为精良,封面的设计与书作内容相得益彰,古色古香。同时,文光版还是书作者本人曾作为"必读书"向自己的学生推荐阅读的版本。

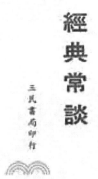

图1 文光书店版《经典常谈》封面 图2 三民书局1994年版封面

此外,据研究整理发现,《经典常谈》在中国港台地区也有出版发行。现存早期出版并能查找到版本样式的主要有香港"太平书局"1963年1月繁体竖版和台湾"三民书局"1972年版(见图2)。香港太平书局主要以出版中国传统经典读物为主;台湾三民书局是创立于1953年的出版社与书店,以"以传播学术思想,延续文化发展"[[1]]为宗旨。港台地区后来还有其他不同版本发行。总之,此书在港台地区的版本流传也能够从侧面反映出这本书的传播范围之广。

从时间跨度上看,这本书的流传也历经了不同的时期。另一个出版的黄金时期即是进入改革开放新时期后,中国的出版事业如雨后春笋般迎来了发展的光明前景,这本书也得以有更多的版本流通。这一时期的版本呈现出更加丰富多彩的特征,满足了读者的文化追求。例如北京的"生活·读书·新知三联书店"曾于1980年和1998年较早地重印了两版《经典常谈》(见图3—4),受到了读者的广泛好评。

图3 三联书店1980年版封面 图4 三联书店1998年版封面

之后还有许多家出版社都相继出版过这本书,推出了大量优质的版本。据不完全统计,上海古籍出版社于1999年、2004年、2006年、2014年对此书进行多次重印;中华书局也于2003年、2009年、2014年多次发行此书;2004年,上文介绍过的三联书店又重印此书,还于2008年推出了此书的精装版;三联书店(香港)有限公司也于1999年、2001年相继又推出此书;还有全国不同地方人民出版社、各大高校出版社等各类出版机构也纷纷出版此书。此外,还有一些由此书而衍生编撰的作品出版。随着技术的发展,各种数字化版本层出不穷,更为异彩纷呈,一些电子版本也呈现出查阅便捷、赏心悦目等特点,满足了不同读者的阅读需求。由此可见,随着时代的发展,虽然这本书的编辑、传抄、印刷、等版本处理方式与出版形态在不断更新迭代,但不变的是这本书跨越时代的传播影响力和经久不衰的文化、经济双重价值。

3.2《经典常谈》的传播与文化意义

首先,这部书广泛而深远的传播离不开社会传统阅读文化层面的支持与推动。从版本和内容来看,《经典常谈》这部书是属于小而精的一部作品,通过研究可知,作者希望读者领略的经典不专指经籍,而是广义上的经典,包括群经、先秦诸子、几种史书、一些集部,共十三篇。作者精心的选择和策划对传播起到了极大促进,更加有利于中国传统经典文化的普及。而从这本书的版本发展和传播历史中可以看到,作者以及一代代读者对于源远流长的中国传统文化孜孜不倦的追寻。从传播地域来看,包括这本书不同时期在港台等不同地区的出版与传播,也更加能够体现和说明中华儿女同根同源的文化共识和认同感,印证了华夏子孙自古以来就有着一脉相承的文化基因。因此,阅读这本书对于我们今天认识本民族传统文化,增强民族文化自信心也有着较为深厚的意义。

4《经典常谈》能够历久弥新的原因

4.1 书作本身所蕴含的经典价值

从作品本身的内在价值角度出发,《经典常谈》这本书作可以作为一本国学入门作品来阅读,因其涵盖了包括经、史、子、集在内的文献佳作。作者精心挑选梳理了一系列古代文化经典,包括《说文解字》《周易》《尚书》《诗经》《礼》、春秋三传、四书、《战国策》《汉记》《汉书》、诸子、辞赋、诗、文这类的传世佳作。阅读这些经典对于普及文化是极为重要的,正如作者所认为的,"在中等以上的教育里,经典训练应该是一个必要的项目。"[12]可见,书中每一篇介绍的经典文献都是对于读者进行经典训练从而提升内在文化修养大有裨益的传统文化典藏。所以,这本书能够成为广为流传的经典也是有其自身内容的价值优势所在。

4.2 中国社会对传统文化的溯寻

纵观整个华夏历史长河,时代在变,技术在变,但唯有人们对于经典文化的寻求是恒久不变的。中华民族历来有着尊重和传承祖先方法经验的传统,懂得"以古为鉴",长期以来对于传统文化的学习也是如此,进而也影响和塑造着整个中国社会的阅读文化氛围。"中国人重古训,追先法,流传至今的经典著作影响着一代又一代的读书人。经典不仅赋予读者人格力量,更是通过个体对整个社会的政治、经济、思想文化、价值观念产生着巨大影响"[13]。由此可见,经典阅读对于中国社会历来是不能缺失的,重视和强化对于经典的阅读有利于中国优秀传统文化的传承、普及,也有利于正确民族价值观念的形成。因此,中国社会传统以及阅读文化因素也是《经典常谈》这部作品能够始终受到广大读者喜爱的一个重要原因。

5《经典常谈》对于当代经典阅读推广的启示

5.1 善于对经典进行筛选提炼以飨读者

正如朱自清在《经典常谈》序中所提及的,"我国经典,未经整理,读起来特别难,一般人往往望而生畏,结果是敬而远之。"[114]因此,作者在充分考虑到了读者的阅读习惯和学习需求之后,对经典进行了一番精心筛选和提炼。"书中各篇的排列,按照传统的经、史、子、集的顺序;并照传统的意见,将'小学'书放在最前头。各篇的讨论,尽量采择近人新说"[114]。虽然作者谦逊地自称"这中间并无编撰者自己的创见,编撰者的工作只是编撰罢了[115]",但全书整体内容编排体例得当,做到了抽丝剥茧,去粗取精,这离不开作者深厚的文学功底。这一点对于今天的经典阅读推广工作也具有很强的借鉴意义。首先,阅读推广工作者本身要做到对经典了然于心,其次还要对读者的需求层次进行合理划分,充分考虑目标读者的接受程度,以读者为本,来策划"适销对路"的阅读推广作品和方案。

5.2 用简明语言和创新科技向大众解读经典

通过对《经典常谈》的阅读和研究可以发现,全书语言风格深入浅出,简明易懂,在当时能够采用白话文来进行创作,也是紧跟时代发展而进步领先的。叶圣陶先生曾称赞此书担负起了让学生轻松学习经典的责任，称"它是一些古书的'切实而浅明的白话文导言'"[16]。在全媒体网络信息化高速发展的今天，受众所需处理的信息繁多，使阅读更加简洁高效的重要性不言而喻。然而对比前人，我们可以采用的阅读推广方式方法则更加多元化。因此，信息时代下，经典阅读的推广工作不仅要在语言的简明和易于普及方面下功夫，还要善于使用新的媒介平台和数字化的技术手段来使读者更易于接受、乐于接受经典的熏陶，收获更加快乐的经典阅读体验，从而才能让读者亲近经典，热爱经典。

6. 结语

《经典常谈》的版本文化与传播发展体现出的是经典阅读随着时代变迁所展现出的"变与不变"。改变的是版本的形态、出版技术等外在因素，不变的是中国社会文化环境下作者、读者对于传统经典文化传承和保护的初心。一直以来，经典的出版与阅读对于整个国家和民族而言都具有极其重要的意义。新的时代赋予了我们更为广阔的创造空间和前景，以及更加便捷的技术手段与平台。让我们继续在吸取前人经验的基础上不断创新，为新时代的经典阅读推广工作添砖加瓦，让经典阅读为读者带来内心淡泊安宁的强大力量，从而更好地营造书香社会的文化氛围，使古老而璀璨的中华文明不断焕发出新的生机与活力。

（2020年7月）

参考文献：

[1]徐雁."经典训练的价值……在文化"[J].中学语文教学,2018(12):1

[2]陈恒舒.国学经典阅读的三条路[J].博览群书,2011(8):84-87

[3]宋雪.《经典常谈》的战时写作与学人知识互动[J].扬州大学学报(人文社会科学版),2018,22(6):78-85

[4]李浴洋.什么"经典",怎样"常谈"——教育史视野中的朱自清《经典常谈》[J].现代中国文化与文学,2017(2):78-92

[5]龚明德.写于昆明和成都的《经典常谈》[J].出版史料,2002(3):34-36

[6]高云海.也谈"顶真式衔接"——以《经典常谈》为例[J].阜阳师范学院学报(社会科学版),2008(3):49-51

[7]王晓东.朱自清学术思想研究[D].广州:暨南大学,2009

[8][9][10][12][14][15]朱自清.《经典常谈》[M].北京:北京时代华文书局,2017:序1-4

[11]三民书局股份有限公司[EB/OL].[2020-06-29].http://www.dajianet.com/world/2011/0425/154232.shtml

[13]王余光.略论阅读传统与书香社会建设[J].高校图书馆工作,2017,37(2):3-5

[16]叶圣陶.读《经典常谈》[M]//西川集.重庆:文光书店,1945:72-79

读文津图书奖获奖书

王余光
第十五届文津图书奖总序

今年6月，中国图书馆界发生了一件引人关注的事：东莞图书馆一位读者，是在东莞打工的湖北农民工吴桂春先生，他在东莞图书馆写下的读者留言，在社会上引起了巨大的反响。这件事说明，图书馆在大众阅读与社会教育方面有着重要的意义。

图书馆本身承担着很多责任，比如政府咨询、科研保障等，但同样承担着民众继续教育、民众阅读的责任，这是图书馆的神圣使命。中国从图书馆建立的100多年来，图书馆的研究者、工作者以及有识之士，都一直在呼吁图书馆要成为大众阅读、民众继续教育的一个重要的机构，图书馆要有大众意识，对公众免费开放。公共图书馆让所有的人——不管他是什么人，都能够得到阅读的机会。从世界图书馆发展的角度来讲也是如此，图书馆一直在承担这样一个使命，让图书馆成为大众阅读的领导者和推行者。

图书馆要主动地采取一些措施来推动社会阅读，比如：推荐书目、读书报告、新书宣传、协助社区和家庭开展亲子阅读等，像东莞图书馆举办的读书节活动就很有特色。该馆在2005年新馆落成之际,开展了首界"东莞读书节",并推出了一系列与读书有关的活动,如:东莞图书馆专题动漫活动展、东莞学习论坛读书系列讲座、开通市民学习网、图书展、读书知识竞赛、"我的读书故事"征文比赛、"我喜爱的书房"设计大赛、"藏书与阅读"优秀图书推荐、推荐书目、"学习之家"评选、外来员工"读书学习,争做新东莞人"演讲比赛等。这些活动丰富了人们的文化生活,产生了良好的社会效益。在此基础上,东莞市政府还召开专门工作会议,着力打造建设"图书馆之城"。从全国范围看,许多图书馆都已经做出很多实际工作。

此外,图书馆还要营造一种阅读的氛围。我曾参观过一些图书馆,如清华大学老图书馆、常熟图书馆、苏州图书馆等,感觉这些图书馆真漂亮,宽大的落地窗、古典的书柜、宁静的氛围。坐在那明净宽大的玻璃窗下,阳光柔和地洒落在书桌上,或听着雨点垂落在树叶上的声音,我们不仅感受到书的魅力,也在体悟着时空的静谧。我觉得这就是我理想中的那种读书环境。我曾在1995年的一篇文章《双休日谈读书》里专门谈到这种感受,"双休日,图书馆应当成为人们读书的好去处"。

文津图书奖是国家图书馆向社会推荐优秀读物的一项重要举措,今天已是第十五届了。我每年在阅读文津图书奖几十种初评入围的图书的时候,心情都十分愉悦。这几十种图书,是经过初评与推荐的结果,都是很好看的书。我想,如果说文津图书奖与其他图书奖有什么不同,那就是它从读者角度出发,选出知识性与可读性的优秀读物。这正是图书馆秉持为读者推荐好书与承担社会教育之责的一项努力。

（2020 年 8 月）

读《蚁族：大学毕业生聚居村实录》

《蚁族：大学毕业生聚居村实录》，廉思主编
广西师范大学出版社2010年

就业是一个世界性的重大问题，对于人口众多的发展中的中国来说，这个问题更为严峻。农民工、下岗工人，以及本书所称的"蚁族"，即一批刚毕业的还没有找到稳定工作的大专毕业生们，他们的生活状况，需要社会的高度关注。

《蚁族：大学毕业生聚居村实录》这本书，其主要内容是调研报告与采访手记。调研与采访的对象是聚居于北京周边的大学毕业生。他们没有稳定的工作，收入不高，居住条件差。调研数据的分析是单调的，还可能是不准确的。但采访手记却生动地再现了这个群体真实可感的一面。

城乡差异、东西部差异、大中城市与小城市的差异、身份认定的差异。在中国，社会资源分配不均衡所带来的这些差异，在很多研究者的著作中早有涉及，但未引起很多人的关注。而大学教育中存在的问题、教育成本与预期收益的问题，理想与现实的落差问题，也早就被提出，也没有得到应有的重视。

我们不期望研究者通过几本著作就能解决那么多重大的社

会现实问题,或许,他们解决不了任何现实问题。

而本书,问世以后,受到很多人的关注。也许,读者不是通过数据,而是通过一个个生动的事例,来感受上述差异的残酷性。

这本书通过个案的采访,展示了这个群体在生活中的艰难:他们中很多来自农村,背负着父母的荣耀和希望,只能默默忍受着大城市生活的艰辛和孤独。活着,向下的青春。还有保护费、性的失落……

但是:

"他们大都平和乐观,不但没有对生活的怨气,相反对未来充满了希望。"

"在他们看来,美好的梦想永远值得他们努力奋斗。"

这些,正是这本书带给我们的感受与思考。

(2011年4月)

读《陈独秀全传》

《陈独秀全传》,唐宝林 著
社会科学文献出版社2013年

陈独秀是中国共产党的主要创始人及中共早期领导人,关于他的是非功过及历史评价,长期以来众说纷纭。2013年,一本厚重的《陈独秀全传》在大陆问世,详尽地展现了传主波澜壮阔,同时也是坎坷屈辱的一生。

作者唐宝林先生毕30年之功,呕心沥血,利用迄今最为全面的第一手档案资料,揭示了传主某些不为人知的历史真相,真实客观地记录了传主的事业经历,也描述了传主的感情世界与交游生活。评论是一回事,事实是另一回事。对一位历史人物,特别是对今天的现实仍有影响的一位历史人物,我们更需要事实。

《陈独秀全传》最后写道:

综观陈独秀的一生,如果不抱党派偏见,也"不以成败论英雄",应该承认,陈独秀是中国近代史上最伟大的爱国者、伟大的革命家与改革家、伟大的民主主义者、伟大的启蒙思想家。

读《陈独秀全传》,不仅是在读一个人的传奇的一生,也是在读一个民族从传统走向现代、一个政党派系斗争的历史。

（2014年4月）

读《沈从文的后半生》

《沈从文的后半生》,张新颖 著
广西师范大学出版社2014年

沈从文的一生,大致可分为两个阶段,以1948年为界,前半生是作家的沈从文,后半生是学者的沈从文。这本书写的是沈从文的后半生。

20世纪过去了。在中国历史的长河里,这是一个多灾多难又波澜壮阔的世纪。时代的洪流裹挟着芸芸众生,或沉或浮。在大转折之时,有人选择自我沉沦,有人选择高歌猛进。而沈从文,在1949年,却选择自杀。自杀未果的沈从文,放弃了当时十分引人关注的文学创作,转而进入寂寞的中国古代服饰研究,成为喧闹时代的隐侠者。然而如沈从文这样的作家,想隐侠也不可能。因而,一系列的学习、思想改造、批判、抄家等,在五六十年代渐次展开。

写人物传记,有学者型写作,有作家型写作。《沈从文的后半生》真实、客观地展示了沈从文后半生这一历史过程,属于学者型写作。因而这部传记,十分重视资料与依据。好在传主给后人留下大量文字资料,可资参考。作者注重传主曲折的社会经历与遭遇的描述,并力图揭示一个人与他身处的时代的关系。20世纪的中国,社会力量过于强大,个人力量过于弱小。随着时代的变迁,作者认为:"力量之间的对比关系发生了变化,强大的潮流在力量耗尽之后消退了,而弱小的个人从历史中站立起来,走到今天和将来"。但是,大多卑微的生命并没有站立起来,只有极少数人,如沈从文,才走向未来。这是文字的功用,还是道德的力量?亦或二者兼有。

作者也十分重视对传主丰富、复杂与长期的个人精神活动的挖掘。传主的精神活动,很容易变成传记作者的推测、想象与虚构。这本书,作者用传主自己的文字直接表达。比如,沈从文在文革后期,遭范曾当面喝斥奚落,精神上深受伤害。作者引用传主写的两封信,来展现传主当时的精神状貌,并未作出任何评议,而是让读者去理解认识那个时代人与人的关系及面貌。这是一个较好的叙说方式,或许这也是作者在今天只能选择的一种方式。

在沈从文的后半生,妻子张兆和一直如影相随。沈从文是握着妻子的手去世的。在这里,我们看到一对夫妇55年患难相随、艰苦与共的身影,在他们身上体现了中国传统婚姻的美德。在沈从文去世后,幸有张兆和的努力,《沈从文全集》才得以顺利面世。而张兆和的妹妹张充和在沈从文去世后,也为姐夫写作了一副联语:"不折不从,星斗其文;亦慈亦让,赤子其人。"来评价其人其文。读《沈从文的后半生》，我们对这一简括的评语，对沈从文本人，乃至对那个时代，会有更非富的认知与深刻的理解。无论是沈从文还是那个时代，离我们并不遥远，因而这种认知与理解，就有了更强的现实意义。

（2015 年 4 月）

得失之间,藏书之爱

《失书记·得书记》,韦力 著
广西师范大学出版社2015年

由于专业的缘由,我读过不少中国历代藏书家的故事,偶尔也涉猎些外国这方面的书籍,如奥地利茨威格等著的《书的礼赞》、日本小林秀雄等著的《读书与人生》,英国爱德华·纽顿《藏书之爱》、埃丝特尔·埃利斯等著的《坐拥书城————西方藏书家和他们的书斋》等。我常常被这些中外藏书家所感动,被他们的藏书之爱所感动。今天读韦力的《失书记·得书记》,再一次让我感动。

韦先生三十年来,对中国古籍,孜孜以求,游走在古书卖主、书店与拍卖行之间,这本《失书记·得书记》,正是作者买书藏书的真实纪录。作者娓娓道来,向你展现了当代中国藏书家的世界。字句之间,浸润着作者的藏书之爱。这种爱,不仅是物质上的占有,同时也是一种心灵上的契合。之于书,故而有聚有散,有得有失。

我常常想,这种藏书之爱,是源自一种什么样的精神,或力量呢?首先,藏书与读书是人们生活的一部分。当然,人们的生活还有很多其他内容,但藏书与读书,是一种优雅生活的一部分,是让人远离蒙昧与野蛮而走向文明。《隋书经籍志序》说:经籍可以正纪纲、弘道德,亦可树风声、流显号、美教化、移风俗。又说,读书可让人恭俭庄敬、洁净精微,温柔敦厚、疏通知远。历代藏书家,对这一点是有深切认知的,这也是他们藏书之爱的源泉。诚然,不是每个人都要成为藏书家的,但每个人都有一颗爱书之心,并从读书中获得乐趣,那么这个社会将会变得优雅而文明。

其次,这种藏书之爱也是来自对传统的极度尊重。历史上的藏书是以私家藏书为主体的,自周代始,渐有发展,到了唐代,更为普遍,已成风尚;至宋则私人藏书之风兴盛,而明清便达到极盛。中国文化的传统,正是在这一代代藏书家的传承中绵延不绝。20世纪后期,新一代藏书家是在藏书家群体灭绝、文化传统中断的背景下,出现在世人面前。他们带着对传统的极度尊重,开始了艰难的藏书之旅。而韦力先生正是这一代藏书家的优秀代表,从《失书记·得书记》中所体现的藏书之爱,正反映了作者对文化传统的极度尊重。

在《失书记》的序言里,作者提到自己有撰写一部《当代藏书史》的愿望。如果说,藏书史就是指藏书家的历史,那么,当代只有图书馆史,难有藏书史。或许,中国新一代藏书家们,他们用自己的行动,正在书写着当代藏书史,延续着中国藏书的历史与传统。而韦力,正是这部历史里一篇精彩的华章。

(2016年4月)

造房子，回归自然

《造房子》，王澍 著
湖南美术出版社2016年

记得2000年，我参加《世界文化遗产——苏州古典园林》一书的出版座谈会，该书主编罗哲文先生说："在二十一世纪里，人类最重要的事情就是要更好地把我们的居室质量改善，改善生活条件、改善居住条件、改善工作条件，就是需要更好的自然。我认为说到底就是要园林化，不仅住宅要园林化，城市要园林化，乡村也要园林化，整个大地都应该园林化。"这是一个美好的愿景，在每个人的心中都有这样的梦想。我自小至今，一有闲暇，就在脑海里构想着诗意般的栖居：一座古典的小屋，背山临湖，花木环绕。然而现代城市生活居所的窘迫，让这种构想变得十分可笑。进入21世纪，这种窘迫变得更加严峻，我们越来越缺少纯净的水和纯净的空气，更何谈园林般的居所。"绿树树边合，青山郭外斜"，那周遭围绕着葱郁林木的山丘，那溪水欢畅着淙淙作响的故乡，都只能成为人们回忆的幻影了。

今读王澍先生《造房子》。作者是一位建筑师，作品有宁波博物馆、宁波美术馆、中国美术学院象山校区、上海世博会宁波滕头馆、垂直院宅、杭州南宋御街综合保护与改造等。这本书不仅讨论了这些建筑作品的建造过程与亮点,更多地是在展现建筑师的造房子的理念。

作者说,他不仅是一位建筑师,更是一位中国文人。他从中国古代山水画中获取建筑的灵感。不仅如此,作者甚至想把一张典型的山水立轴做成一个房子。本于此,作者认为,在中国文化里,自然曾经远比建筑重要,建筑更像是一种人造的自然物。人们不断地向自然学习,使人的生活回复到某种非常接近自然的状态,一直是中国的人文理想。这就决定了中国建筑在每一处自然地形中总是喜爱选择一种谦卑的姿态。建筑师的建筑作品体现了这一理念,重返自然的道路,而作者的《造房子》,也向读者展示了这一理念。

不能不说,这本书又点燃了人们内心回归自然的希望。

(2017 年 4 月)

学以为己

《学以为己》，李弘祺 著
华东师范大学出版社2017年

《学以为己》是台湾清华大学李弘祺先生所撰的一部关于中国传统教育的专著。这部著作讨论问题很多，如中国传统教育制度、私人讲学、考试选才、书院兴盛，中国历史上的大众教育、家庭教育、技术教育等。作者还论及儒家经学对中国传统教育的深远影响，同时也强调理学对培养自我的重视。培养自我这一点，被作为书名：学以为己，当最受作者推重。作者认为：中国书院教育的理想是"为己之学"或"自得"。这种观念从孔子始，以后支配中国读书人的理想将近三千年。经朱熹的提倡，它变成更为广泛的信念。这一理想受到科举制度的强烈冲击，至明之后，逐步转变成为"以天下为己任"的一部分。"自得"乃是一种自由的境界，是一种精神上的解放。因而读书的乐趣并不是一种单纯的、没有责任感的快乐。这一命题与哲学上"自由与责任"的命题有相似之处。

孔子在《论语·宪问》中说："古之学者为己，今之学者为人。"

为己是强调个人的修养与道德情怀的培育,为人则是强调社会效用。孔子不是反对为人之学,而是重视为己之学树其本。反观今天的教育,过于强调社会效用,轻于学生德行的完善。因而《学以为己》这本书,能给读者一些启发与思考。

（2018年4月）